KB058693

승부에 강한 딸로 키우는 법

KI신서 1195

승부에 강한 딸로 키우는 법

지은이 ㅣ 김지룡

1판 1쇄 발행 ㅣ 2007. 11. 6
1판 2쇄 발행 ㅣ 2007. 12. 20

펴낸곳 ㅣ (주)북이십일_21세기북스
펴낸이 ㅣ 김영곤
본부장 ㅣ 정성진
기획/편집 ㅣ 나은경 이상우/이정란 이용우
마케팅/영업 ㅣ 정지은 주명석 허준영 이시몬/윤지환 이희영 허정민 정원지 김태균
교정교열 ㅣ 백은숙
디자인 ㅣ 표지박선향 본문김정인
일러스트 ㅣ 유남영

등록번호 ㅣ 제10호-1965호
등록일자 ㅣ 2000. 5. 6

주소 ㅣ (우 413-756) 경기도 파주시 교하읍 문발리 파주출판문화정보산업단지 518-3
전화 ㅣ 031-955-2100(대표)
팩스 ㅣ 031-955-2122
이메일 ㅣ book21@book21.co.kr
홈페이지 및 커뮤니티 ㅣ http://www.book21.co.kr http://cafe.naver.com/21cbook

값 10,000원
ISBN 978-89-509-1254-3   03370

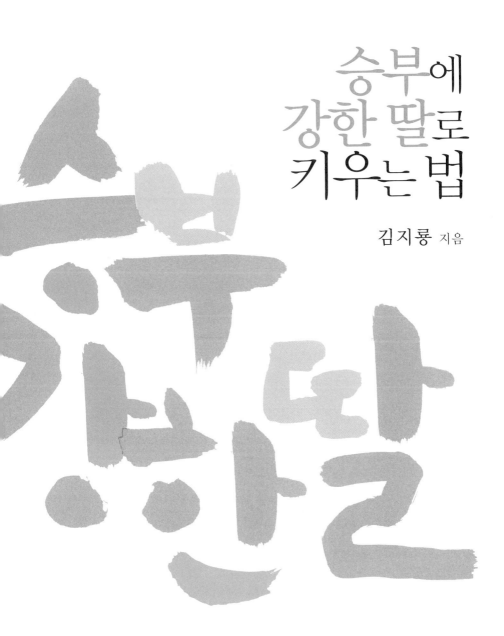

승부에
강한 딸로
키우는 법

김지룡 지음

21세기북스

연약한 딸을 승부에 강한 아이로
키우고 싶어하는 모든 부모님께

이 책을 읽으면서 대학원 시절에 읽은 논문을 떠올렸습니다. 미국의 의과대학생들을 대상으로 심리검사를 한 내용이었는데, 여학생들은 '수석'을 하고자 하는 마음이 남학생에 비해 현저하게 떨어졌습니다. 자신이 수석을 하면 동료학생들이 여성적이지 않다고 생각할 뿐 아니라 원하는 남자와 결혼하기 어려울 것이라는 생각이 그런 마음을 갖게 한 것입니다. 이 논문을 시작으로 여성에게 존재하는 '성공에 대한 두려움'이란 주제가 교육학에서 논쟁이 된 적이 있습니다.

그런 점에서 저는 이 책을 딸 가진 부모님들께 추천하고 싶습니다. 우리 딸들의 성공을 가로막는 벽을 깨기 위해서는 딸들에게 이기는 것을 두려워하지 않는 마음을 심어주는 게 중요하기 때문입니다. 이 책은 어릴 때부터 실패할지라도 시도하게 하는 자신감과 승부욕, 그리고 이기는 것을 두려워하지 않는 마음을 길러주는 방법을 제시하고 있어, 우리의 딸들을 사회와 인류에 봉사하는 인재로 키우는 데 큰 도움이 될 것입니다.

_류숙희(서울대 교육학박사 · 다중지능연구소 연구실장)

최근 사회 각 분야에서 따뜻한 감성과 세심한 감각을 필요로 하면서 여성의 사회진출이 활발해지고 있습니다. 많은 여성들이 타인을 배려하고 갈등을 조정하는 뛰어난 능력으로 각계각층에서 실력을 인정받고 있는 추세입니다.

그러나 오랜 세월에 걸쳐 형성된 남성 위주의 경쟁사회에서 여성이 진정한 리더가 되기 위해서는 스스로를 좀 더 단련할 필요가 있습니다. 특히 본능적으로 경쟁에 익숙한 남성들에게 뒤지지 않으려면 여성들도 어릴 때부터 건강한 경쟁심과 승부 근성을 키워야 합니다.

이 책이 안내하는 대로 어릴 때부터 자신감과 끈기, 승부 근성을 키워준다면 우리의 딸들은 타고난 세심함과 따뜻함에 이기는 능력까지 갖춤으로써 미래를 이끌어가는 진정한 리더로 거듭날 것입니다.

_유순신(커리어 컨설턴트 · 유앤파트너스 대표)

차 례

part.1
할 수 있다는 자신감을 심어주어라

딸의 승부 근성은 아빠가 좌우한다

남자아이보다 승부에 강한 딸로 키우자

남녀평등은 이제 너무나 당연한 시대의 흐름이다. 하지만 아직도 여자아이는 태어나는 순간부터 '푸대접'을 받고 '뒷전'으로 밀려난다. 10년 전 딸아이가 태어나던 날, 이 사회가 '남녀평등'과는 거리가 먼 사회라는 것을 뼈저리게 느꼈다. 예전에는 대놓고 남녀를 차별했다면, 요즘에는 은연중에 혹은 무의식적으로 차별한다는 점이 다를 뿐이다. 사회의 인식이 완전히 바뀌는 데는 100년쯤 걸리기 때문일 것이다.

딸아이는 1년 먼저 태어난 외사촌 오빠와 생일이 같다. 외사촌 오빠는 처가 쪽의 '대를 이을 장손'인데, 딸아이가 공교롭게도 외사촌 오빠가 돌잔치하던 날에 태어난 것이다.

제왕절개 수술로 딸아이를 낳은 아내는 마취에서 깨어나서도 하루 종일 정신을 차리지 못했다. 어머니는 다른 급한 일로 다음 날 오신다고 했고, 처가 쪽 식구는 모두 돌잔치에 가 있었다. 교대해줄 사람이 없어 점심도 굶고 저녁도 굶으며 나 혼자 병실을 지켰다. 돌잔치를 하는 곳이 병원에서 그리 멀지 않았기에 누군가는 먹을 것을 싸들고 찾아올 줄 알았다. 하지만 결국 그 다음 날까지 아무도 오지 않았다. '장손'의 돌잔치에 바빠 딸아이가 태어난 것에 신경 쓸 경황이 없었던 것이다.

딸아이가 두 살 되던 해에는 외사촌 오빠와 함께 생일잔치를 했다. 딸아이가 받은 선물이 외사촌 오빠의 것보다 훨씬 적은데다, 케이크 촛불을 끌 때도 뒷전으로 밀리자 딸아이는 울고불고 난리가 났다.

처가 쪽 식구들이 유난히 보수적이거나 고루하다고는 생각하지 않는다. 한국 사회의 보편적인 상식을 갖고 살아가는 평균적인 한국인이며, 그 보편적인 상식에 '남자가 먼저'라는 생각이 뿌리 깊게 박혀 있을 뿐이다.

딸아이를 낳고 주위 사람들에게 위로의 말을 많이 들었다. "첫딸은 살림 밑천이랍니다." "딸 낳고 아들 낳는 것이 100점이라고 하더군요." "어머님이 많이 서운해 하시겠어." 이런 말을 한 사람들에게 마음속으로 'X표'를 그려 넣었다.

딸아이는 호랑이해에 태어났다. 그래서 이런 위로의 말도 들었다. "호랑이띠 여자아이는 팔자가 사납다던데, 잘 키우셔야겠습니다." 같잖은 말이었지만 고마운 구석도 있었다. 딸아이를 어떻게 키워야 할지 확실하게 방향을 잡아주었으니까 말이다.

"세상의 중심에서 호랑이처럼 포효하는 아이로 키우겠다."

딸이 여자아이라서 혜택을 입은 것은 이름 정도일 것이다. 어머니는 작명소에서 이름을 몇 개 받아오셨다. 모두 마음에 들지 않아 내가 '시아'라는 이름을 붙여주었다. 러시아, 아시아, 유라시아에서 따온 것인데, 어감도 좋고, 어느 나라 말로도 정확하게 발음할 수 있어서였다. 둘째인 아들아이 때도 어머니는 작명소에서 이름을 받아오셨다. 역시 마음에 들지 않았지만, 어머니는 남자아이 이름은 잘 지어야 한다며 고집을 부리셨다. 결국 아들아이는 대한민국에서 가장 흔한 이름인 '김동현'이 되었다. 작명소에선 남자아이만 오면 모두 '동현'이라는 이름을 지어주나 보다.

어떻게 하면 딸아이가 자라면서 '시아'라는 이름에 걸맞게 날개를 활짝 펼 수 있을까? '여자'라는 이유만으로 뒷전으로 밀리고 푸대접받는 일이 없게 하려면 무엇이 필요할까. 곰곰이 생각하던 나는 이런 결론을 내렸다.

"승부에 강한 아이로 키워야겠다."

우리 집에서는 여자라는 이유로 불이익을 받는다는 것은 상상조차 할 수 없는 일이다. 하지만 언젠가 딸아이는 내 품을 떠나게 될 테니 내가 지켜주는 데는 분명 한계가 있다. 열 살 이후의 삶은 경쟁의 연속이다. 요즘은 초등학교 성적을 공개하지 않지만, 2~3학년 정도만 되면 누가 공부를 잘하는지 서로 알고 의식하기 시작한다. 그때부터 대학입시라는 10년 경쟁이 시작된다. 그러나 대학에 진학한다고 경쟁이 끝나는 것이 아니다. 오히려 더 큰 경쟁이 기다리고 있다. 20대는 사회에서 자신의 자리를 찾기 위해 경쟁하고, 30대는 자신의 자리에서 전문가로 인정받기 위해 경쟁하며, 40대는 리더 자리를 놓고 치열하게 다툰다.

딸아이는 이런 전쟁터 같은 곳에서 경쟁을, 그것도 상당 부분 남자에게 유리하게 판이 짜인 곳을 혼자서 헤쳐나가야 한다. 남자들은 싸우는 데 익숙한 생물이기 때문에 대개 승부에 강하다. 딸아이가 사회에서 남자들과 경쟁해서도 이길 수 있게 그 어떤 남자아이보다 승부에 강한 아이로 키우고 싶었다.

놀이로 길러지는 승부 근성

승부에 강해지려면 여러 가지가 필요하다. 가장 중요한 것은 경쟁이나 승부에서 이겨야겠다는 강력한 의지, 즉 '승부 근성'이다. 그리고 그것을 승리와 연결해주는 자신감, 집중력, 체력, 전략적 사고, 자신의 삶을 소중히 가꾸어가겠다는 의지 같은 덕목이 뒷받침되어야 한다.

승부에 강해지는 가장 간단한 길은, 승부를 많이 겨루어보고 많이 이겨보는 것이다. 이겨보아야 자신감을 가질 수 있고, 이기는 기쁨을 알 수 있다. 이기는 맛을 알아야 이기겠다는 투지를 불사를 수 있고, 이기기 위해 참고 노력할 수 있다. 이겨본 사람만이 이길 수 있으며, 이기는 것도 결국 '습관'이다.

어린아이에게 승부를 접하게 하고, 이기는 기쁨을 맛보게 하는 가장 손쉽고 효과적인 방법은 '놀이'를 하는 것이다. 놀이는 아이들의 생활이자 성장과 발달에 중요한 영향을 미치는 활동이다. 아이들은 놀면서 배운다고 하지 않는가! 승부에 강해지는 법도 놀이를 통해 배울 수 있다.

놀이가 즐거운 이유는 목적이 없기 때문이다. 아이들은 놀이 자체를 마음껏 즐겨야 한다. 하지만 아이와 놀면서 몇 가지 주의를 기울이고, 필요한 것을 경험하게 하고, 적절한 말을 들려주면, 아이는 신나게 놀면서 승부에 강해지는 법을 배워나갈 수 있다.

그러나 모든 놀이가 그런 것은 아니다. 놀이 중에서도 상대와 경쟁하고 승부를 벌이는 놀이가 적합하다. 우리 집에서는 이런 놀이를 '아빠 놀이'라고 하는데, 아빠인 내가 주로 이런 놀이를 같이 하기에 붙게 된 이름이다.

딸아이를 키우면서 여자놀이와 남자놀이가 금성과 화성만큼 차이가 많다는 것을 알게 되었다. 엄마랑 노는 여자놀이는 소꿉놀이이고, 아빠랑 노는 남자놀이는 구슬치기라고 생각하면 이해하기 쉬울 것이다. 소꿉놀이는 상대와 협동하면서 놀이가 진행되지만 구슬치기는 상대와 일대일로 맞붙는 방식이다. 소꿉놀이에는 승자와 패자가 없지만 구슬치기에는 승자와 패자가 있으며, 승자가 패자의 것을 갖는다. 소꿉놀이에서는 잘하고 못하는 구분이 없지만 구슬치기에서는 잘하는 아이와 못하는 아이로 갈려서 서로 친구들보다 우위에 서려고 노력한다. 남자들이 승부에 강한 이유는 어렸을 때부터 딱지치기, 구슬치기처럼 서로 뺏고 빼앗기는 놀이를 하며 승부를 자주 경험했기 때문이다.

사회생활은 협동과 경쟁의 연속이다. 협동을 잘하려면 배려할 줄도, 다른 이의 말을 경청할 줄도, 자신을 희생할 줄도 알아야 한다. 경쟁에서 승리하려면 자신감이나 집중력이나 끈기 등이 필요한데 그중에서 무엇보다도 '경쟁에서는 이겨야 한다'는 '승부 근성'이 있어야 한다.

엄마가 놀이를 통해 아이들에게 협동하는 법을 가르친다면, 아빠는 승부에 강해지는 법을 가르친다. 협동해야 할 때는 협동할 줄 알고, 이겨야 할 때는 이기는 사람이 미래 사회의 리더가 될 것이다. 아이는 엄마와도 놀고 아빠와도 놀면서 균형 잡힌 미래의 리더로 성장한다.

큰딸아이는 올해 열 살이다. 10년 동안 주말마다 아빠랑 놀아온 딸아이의 특징을 한마디로 정리하면 이렇다.

"지고 나면 더 노력하는 아이."

승부를 겨루는 놀이를 해오면서 내가 적절히 져주어 딸아이는 '이기는 기쁨'을 충분히 아는 만큼 승부에 지는 '자신'을 용납하지 않는다. 승부에 지면 자기 자신에게 화를 내며 노력이 부족했다고 생각해 더욱 분발한다. 딸아이는 아빠를 이겨오면서 어떤 일도 해낼 수 있다는 자신감을 갖게 되었다. 아빠와 몸으로 놀면서 강인한 체력을 기르고 승부에 몰두하면서 집중력도 키웠다.

딸아이는 종종 부모를 깜짝 놀라게 할 정도로 승부 근성으로 똘똘 뭉쳐 있다. 누가 시키지도 않았는데 줄넘기에서 최고 급수를 받겠다며 한 달 동안 매일 30분씩 줄넘기를 한 적이 있다. 자신보다 세 살 많은 친구 언니를 공기놀이에서 이기겠다며 앉은자리에서 네 시간 동안 공기 연습을 한 적도 있다.

부모로서 아내와 내가 요즘 하는 일은 딸아이가 승부 근성을 발휘하고 투지를 불태울 적절한 목표를 제시해주는 것이다.

"이번 달에 누가 책을 더 많이 읽나 아빠하고 내기해볼까? 아빠는 스무 권이 목표야."

"수학경시 대회에서 90점 이상 받는 아이들은 얼마나 특별한 아이들인지 아니?"

승부 근성이 강하면 강요할 필요 없이 넌지시 자극만 주면 된다.

part
1

할 수 있다는
자신감을 심어주어라

자신감은 자기 확신으로 세상을 헤쳐나갈 수 있고, 살아남는 데 필요한 모든 자질을 스스로 갖추고 있다고 굳게 믿는 것이다. 자신감이 있어야 자신의 미래에 당당히 맞설 수 있고, 새로운 것에 도전할 용기를 낼 수 있으며, 모험에 적극적으로 뛰어들 수 있다. 자신감이 있어야 노력도 할 수 있다. 노력한 만큼 결과를 얻을 것이라고 확신하기 때문이다.

재미 기업가 김태연 회장은 우리에겐 잘 알려지지 않았지만 미국 사회에서는 맨몸으로 '실리콘밸리의 신화'를 창조한 여성으로 유명하다. 김 회장은 2001년 경향신문에서 주관한 '한국을 빛낸 55인'에 뽑혔고, 미국 여성들 사이에서는 노벨상 이상의 가치가 있다고 알려진 '수잔앤소니상'을 수상한 바 있다.

김 회장은 1946년 남아선호 사상이 강한 집안에서 구박덩이로 태어났다. 김 회장이 김씨 장손의 첫째 딸로 태어나던 날 할아버지는 대성통곡을 했고 할머니는 "정초부터 계집애가 튀어나오다니 이제 김씨 집안은 망했네"라며 미역국을 솥째 마당에 내던졌다고 한다.

김 회장은 22세인 1968년 홀몸으로 미국으로 건너가 '정수원'이라는 미국 시부 최대 규모의 대권도장을 세웠다. 1985년엔 실리콘 밸리에 진출해 라이트하우스사를 설립하여, 미국 100대 우량 기업으로 선정될 정도로 건실한 기업으로 키워냈다. 김태연 회장은 현재 라이트하우스를 비롯한 6개의 회사를 거느린 연 매출규모 1억 달러가 넘는 TYK그룹을 이끌고 있다.

150센티미터의 작은 체구인 김 회장에게는 여러 가지 수식어가 따라 다닌다. '실리콘밸리의 작은 거인' '여성 최초의 그랜드 마스터(태권도 8단)' '미국 100대 우량기업 여성 CEO' 등이지만 그중에서도 가장 어울리는 수식어는 '김태연 Can do' 일 것이다.

김태연 회장의 모토는 "He can do, She can do, Why not me?(그도 할 수 있고, 그녀도 할 수 있는데, 내가 왜 못해?)"다. 김 회장의 성공비결은 한마디로 'Can do', 즉 '할 수 있다' 는 자신감이었다.

자신의 힘으로 큰 성취를 거둔 사람들은 자신감이 넘쳐흐른다. 가장 위대한 여성 인물 중 한 사람으로 꼽을 수 있는 '잔 다르크'는 십대까지는 말타기도 칼쓰기도 할 줄 모르는 평범한 시골 소녀였다. 그런 그녀가 열세 살이 되던 해 백년전쟁을 치르고 있던 샤를 황태자를 찾아가 "이 땅에서 영국군을 몰아내겠다"고 자신 있게 말했다. 그녀가 '신의 계시' 를 들었다고는 하지만 자기 확신이 없으면 불가능한 일이었다.

자신감은 자기 확신으로 세상을 헤쳐나갈 수 있고, 살아남는 데 필요한 모든 자질을 스스로 갖추고 있다고 굳게 믿는 것이다. 자신감이 있어야 자신의 미래에 당당히 맞설 수 있고, 새로운 것에 도전할 용기를 낼 수 있으며, 모험에 적극적으로 뛰어들 수 있다. 자신감이 있어야 노력도 할 수 있다. 노력한 만큼 결과를 얻을 것이라고 확신하기 때문이다.

다른 사람에게 자신의 생각을 당당하게 말하는 데도 자신감이 필요하다. 사람들 앞에서 발표를 하거나 노래하는 것을 두려워하는 아이들이 많다. 부모는 아이에게 이런 식의 충고를 많이 한다.

"자신감을 가져. 자신감을 가지면 뭐든지 할 수 있어."

과연 이런 말이 아이가 자신감을 갖고 용기를 내는 데 얼마나 도움이 될까? 자신감을 갖겠다고 마음먹는다고, 자신감을 가지라고 격려한다고 없던 자신감이 바로 나오지는 않는다. 자신감은 갖는 것이 아니라 생기고 쌓이는 것이기 때문이다. 자신감은 주로 행동하는 과정에서 얻어진다. 행동을 하고 그 행동이 성과를 내는 것을 경험하면서 자신감이 생겨난다. 작은 것이든 큰 것이든 성공을 반복적으로 체험하면서 자신감이 쌓여간다.

자신감은 어릴 때부터 쌓아나갈 수 있다. 아이에게 자신감을 주려면 어떻게 해야 할까. 옆집 아이보다 한글을 빨리 깨우치거나 덧셈을 먼저 하면 자신감이 생길까? 자신감은 '자신이 유능하다' 는 깨달음, '자신은 잘할 수 있다' 는 믿음이다. 부모의 강요나 권유로 행하는 수동적인 일보다, 하고 싶은 일을 능동적으로 잘 해내는 경험이 자신감을 키우는 데 훨씬 더 효과적이다.

아이들이 가장 하고 싶어하는 일은 놀이다. 놀이는 능동적이고 적극적인 행동이다. 나이에 맞는 놀이를 잘 해내는 경험이 아이의 내면에 자신감을 쌓아나가게 할 것이다.

01

1미터 단위로 성장을 칭찬하라
: 자전거 타기

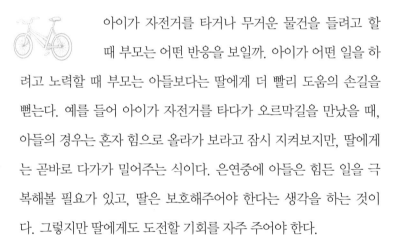 아이가 자전거를 타거나 무거운 물건을 들려고 할 때 부모는 어떤 반응을 보일까. 아이가 어떤 일을 하려고 노력할 때 부모는 아들보다는 딸에게 더 빨리 도움의 손길을 뻗는다. 예를 들어 아이가 자전거를 타다가 오르막길을 만났을 때, 아들의 경우는 혼자 힘으로 올라가 보라고 잠시 지켜보지만, 딸에게는 곧바로 다가가 밀어주는 식이다. 은연중에 아들은 힘든 일을 극복해볼 필요가 있고, 딸은 보호해주어야 한다는 생각을 하는 것이다. 그렇지만 딸에게도 도전할 기회를 자주 주어야 한다.

아이가 자전거로 동네나 공원을 한 바퀴 도는 것은 엄청난 도전의 연속이다. 자신의 힘으로 완주하려면 무척 많은 난관을 극복해야 한다. 처음에는 내리막길을 무서워해서 뒤에서 잡아주어야 하고, 오르

막길을 올라가지 못해 뒤에서 밀어주어야 한다. 어른의 눈에는 평탄하게 보이는 길도 아이에게는 도전하고 극복해야 할 험한 길이다.

아이가 자전거 타는 모습을 유심히 지켜보자. 일주일 전만 해도 올라가려는 생각조차 하지 않던 오르막길을 혼자 힘으로 올라가 보려고 시도해본다. 첫 시도에 성공하기는 힘들지만 시도했다는 자체만으로도 칭찬받을 만하다.

"여기까지 혼자 힘으로 올라가려고 했어? 대단하구나!"

오르막길이 3미터쯤 된다고 할 때 아이가 단번에 성공하기는 힘들다. 첫 시도에서는 1미터 정도를 올라가고, 다음 시도에서는 반쯤 올라가고, 그다음에는 조금 더 올라가는 식으로 조금씩 앞으로 나아갈 것이다. 이것을 1미터 단위로 잘게 잘라서 보면 아이를 몇 번이고 칭찬해줄 수 있다.

"지난번에는 저기까지밖에 못 올라왔는데, 오늘은 절반이나 올라왔네. 장하다!"

"여기까지 올라왔어? 정말 실력이 많이 늘었구나."

네다섯 살 아이들이 자전거를 타는 코스는 대개 백 미터 이상이다. 경사가 많으면 혼자 힘으로 완주하는 데 몇 달이 걸리기도 한다. 그사이에 칭찬을 해줄 수 있는 일은 얼마든지 있다. 브레이크를 잡으며 혼자 힘으로 내리막길을 내려갈 때, 오르막길을 하나하나 정복

할 때마다 칭찬을 해줄 수 있다.

아이들은 하고 싶었지만 해내지 못했던 일을 꽤 민감하게 기억하고 있다. 아이에게는 중요한 도전이기 때문이다. 하나씩 해낼 때마다 칭찬해주면 아이는 용기와 자신감을 얻는다.

지난번에는 못했지만 이번에는 할 수 있게 된 일, 지난번보다 이번이 조금 더 나아진 일이 모두 칭찬의 대상이다. 이런 일은 무척 많다. 아이들이 커가면서 자연스럽게 하는 행동 하나하나가 칭찬의 대상이 될 수 있다.

걸음마를 시작했을 때는 1미터가 아니라 10센티미터 단위로 칭찬해줄 수 있다. 놀이터에는 칭찬할 것이 널려 있다. 부모 손잡고 평균대 걸어가기, 혼자 힘으로 평균대 걸어가기, 미끄럼틀 거꾸로 올라가기, 정글짐 올라가기, 밧줄 잡고 경사진 나무판을 걸어서 올라가기, 줄타기 등등 무척 많다.

아이가 새로운 것에 도전하는 것을 두려워하면 목표를 잘라서 제시해줄 수 있다. 평균대에서 혼자 힘으로 걸어갈 때 '오늘은 우선 세 걸음만 도전해보자'는 식으로 달성하기 쉬운 작은 목표를 제시해준다. 심리학에서는 '인간은 작은 단위에 속기 쉽다'고 말한다. 처음부터 큰 목표를 이루라고 하면 지레 겁을 먹거나 자신감을 잃고 포기하지만 목표를 작은 단위로 나누어주면 흥미와 집중을 지속할 수 있다는 것이다. 게다가 과제를 여러 개로 잘게 나누어주면 아이에게 도전과 성공의 기회를 더 많이 제공할 수 있다.

공부도 마찬가지다. 아이에게 느닷없이 문제집을 주면서 한 달 안에 다 풀라고 하면 어렵게 느끼지만 하루에 두 장씩만 풀라고 하면 도전해보겠다고 한다. 공부 목표도 되도록 작은 단위로 나누어주어야 한다.

아이가 과제를 달성할 때마다 칭찬해주는 것은 바로 '성장에 대한 칭찬'이다. '칭찬은 귀로 먹는 보약'이라는 말이 있다. 그런데 아이에게 칭찬을 많이 해주어야 한다는 말도 있고, 칭찬을 너무 많이 하면 아이를 망친다는 말도 있다. 모순된 주장이 나오는 이유는 적절한 칭찬과 그렇지 않은 칭찬이 있기 때문이다.

어떤 부모들은 아이의 자신감을 높여주려고 아이의 행동이나 성과에 관계없이 무조건 칭찬을 한다. 이런 무차별적인 칭찬은 보약이 아니라 독약이 될 수 있다. 과다한 칭찬을 듣고 자란 아이는 아무 이유 없이 칭찬 받기를 원한다. 대단한 칭찬이 아니면 비판으로 받아들이며 기분 나빠한다. 한마디로 시건방진 아이가 되는 것이다.

아이에게는 적절한 칭찬이 필요하다. 아이가 가장 듣고 싶어하고, 또 들려주어야 하는 칭찬은 성장에 대한 칭찬일 것이다. 왜냐하면 성장은 살아 있다는 증거이기 때문이다. 아이들도 자신의 성장을 자

랑스러워하고 자부심을 느낀다. 성장을 칭찬해주면 아이들은 신이
난다. 자신감이 생기고 새로운 것에 도전할 의욕이 넘친다.

수학시험 점수가 항상 50점인 아이를 생각해보자. "너는 왜 항상
그 모양이냐?"라고 야단치는 부모도 있을 것이다. 정말 '항상 그 모
양'일까. 수학시험 문제가 두 자릿수를 더하는 것이었다고 하자. 그
아이는 1년 전에 한 자릿수를 더하는 시험에서도 50점을 받았을 것
이다. 한 자릿수를 더하는 문제를 절반밖에 맞히지 못한 아이가, 1년
사이에 두 자릿수를 더하는 문제를 절반이나 풀 수 있게 되었다면 이
것이 바로 성장이다. '항상 그 모양'인 아이는 없다. 아이는 하루하
루 성장한다. 성장을 칭찬해주어야 다음 성장의 발판이 된다.

아이의 성장을 칭찬하는 것은 간단하다. 아이의 모습을 자세히 지
켜보면 무엇이 어떻게 성장했는지 발견할 수 있다. 자주 그리고 많
이 칭찬해주려면 아이의 행동을 잘게 잘라서 보면 된다. 작은 단위
로 나누어서 보면 성장을 발견하기 쉽기 때문이다.

02

기록에 도전하며
한계를 극복하도록 하라

: **철봉**

 애틀랜타 올림픽 육상 대회에 출전한 마이클 존슨은
사상 최초로 200미터와 400미터에서 동시에 금메달
을 획득했다. 그는 인터뷰에서 이렇게 말했다.

"고등학교 시절, 200미터를 21초에 뛰었다. 고교생으로서는 그저
그런 성적이었다. 그 뒤 10년 동안 끊임없이 노력하여 19.5초에 달
리게 되었다. 10년 동안 겨우 1.5초를 단축한 것이다. 그러나 그 차
이가 바로 보통 선수와 세계 제일의 선수와의 차이다."

끈질긴 노력이야말로 성공한 사람의 최대 무기이자 공통점이다.
노력은 누구에게나 힘든 일이다. 그런데도 끈질기게 노력하는 사람
들이 있다. 그 원동력은 성장에 대한 갈증이다. 성장은 자신의 한계
를 깨고 나아가는 것이며, 오늘의 내가 어제의 나를 이기는 일이다.

자신의 한계를 극복하고, 기록을 깨나가고, 노력하는 것을 즐기는 습관을 들여줄 수 있는 놀이들도 많다. 이를테면 철봉 놀이 같은 것이 그렇다.

아이들은 두세 살만 되면 철봉에 매달리고 싶어한다. 아이 혼자 힘으로 철봉에 매달릴 때부터 턱걸이를 할 때까지 과연 어느 정도의 시간이 걸릴까. 세 살 때부터 철봉에 매달려 놀던 딸아이가 열 살인 지금도 턱걸이를 못하는 것을 보면 무척 오랜 시간이 걸리나 보다. 만약 턱걸이에 성공했을 때 칭찬을 해준다면 아이는 몇 년 만에 한 번 칭찬을 듣게 되는 셈이다. 아이가 철봉을 할 때 매달려 있는 시간을 잰다면, 기록을 갱신하는 것으로 성장을 확인하게 되고 부모는 그에 맞게 1초 단위로 칭찬을 해줄 수 있다.

아이가 자기 발로 깡충 뛰어 혼자 철봉에 매달리는 것은 무척 어렵기에 부모가 직접 안아서 올려주어야 한다. 아이가 철봉에 매달리면 아이 몸에서 손을 떼어야 하지만 그래도 아이 근처에서 감싸듯이 대기하고 있어야 한다. 아이가 떨어지는 순간 안아서 안전하게 내려주어야 하기 때문이다. 나는 이럴 때마다 숫자를 센다.

"하나, 둘, 셋, 넷….."

처음 매달려 있는 시간은 1~2초 정도라서 숫자는 빨리 세는 것이 좋다. 1초 단위라는 말을 했지만, 단위는 작으면 작을수록 좋다. 아이기 1~2초 매달리는 사이에도 숫자는 넷이니 다섯까지 셀 수 있다.

"지난번에는 셋 셀 때까지 매달려 있었는데, 이번에는 다섯 셀 때까지 매달려 있었네. 정말 팔 힘이 많이 세졌구나."

부모는 아이가 기록을 깰 때마다 칭찬을 해준다.

철봉 놀이처럼 시간이나 횟수 기록을 깨는 놀이는 무척 많다. 아이와 함께 목욕할 때 잠수 기록을 재는 놀이, 한 발로 서서 오래 버티는 놀이, 줄넘기, 싫어하는 반찬이나 밥 안에 든 콩 먹어보기 등.

지난번 기록이 얼마였는지는 아이들이 더 잘 알기 때문에 굳이 기억하려고 애쓸 필요는 없다. 만약 부모도 잘 생각나지 않는다면 선의의 거짓말을 할 수도 있다.

"지난번 기록은 '열'이었는데 오늘은 열둘까지 했으니까 또 기록을 깼네. 참 잘했다."

아이들은 빠르게 성장하므로 정확한 기록이 생각나지 않아도, 새로운 기록을 세웠을 가능성이 높다.

둘째를 키우면서 나 역시 여러 가지로 고정관념에 사로잡혀 있었다는 사실을 깨닫게 되었다. 딸아이가 어렸을 때는 철봉을 하고 싶다고 하면 놀이터에 데리고 갔다. 철봉은 '철로 만든 봉'이고, ㄱ 모양이어야 한다고 생각했다. 하지만 아이에게 필요한 것은 봉이므로 플라스틱이든 뭐든 관계없다.

철봉을 대체할 수 있는 가장 좋은 물건은 대나무인데 대나무는 강도에 비해 무게가 가볍다. 굵기가 철봉 정도인 대나무를 1미터 길이로 잘라 준비한 다음 아이를 소파 위에 서게 하고, 철봉을 잡듯이 양손으로 대나무를 잡게 한다. 그리고 아빠가 그대로 들어 올리면 철봉 놀이가 된다. 들어 올리면서 숫자를 세기 시작한다. 아이가 소파 위에 있기 때문에 대나무에서 떨어져도 다칠 염려가 전혀 없다.

대나무에 매달린 아이를 들어 올리는 것은 역기를 하는 것 같은 효과가 있어서 아빠의 체력도 좋아진다.

03

성취의 기쁨을 자주 맛보게 하라

: 훌라후프 농구

 어떤 아이는 새로운 것에 쉽게 도전하는 반면에, 어떤 아이는 새로운 것을 두려워한다. 어려움이 있더라도 끝까지 해내는 아이가 있는가 하면 중도에 포기하는 아이도 있다. 이런 점이야말로 자신감이 있느냐 없느냐의 차이다. 행동하면서 자신감을 얻는 것은 '성취의 기쁨'이 쌓여 자신감으로 발전하기 때문이다. "내가 해냈다"는 성취의 기쁨을 느껴본 아이는 "무엇이든 하면 된다"는 자신감을 갖게 된다. 자신감을 지니게 하려면 성취의 기쁨을 자주 맛보게 해야 한다.

스포츠는 아이들의 신체 발달에 큰 도움을 준다. 몸을 건강하게 만들어주고, 성취감을 맛보게 하며, 경쟁에서 이기는 승리의 기쁨을 맛보게 해준다. 하지만 어린아이가 정식으로 스포츠를 하기에는 무리가 따른다. 시중에서 판매하는 장난감 중에 적절하지 않은 것이 많은데 대표적인 것이 농구골대 장난감이다. 공을 던져서 골을 넣는 일은 어른에게도 쉽지 않은 일이며, 더군다나 아이들에게는 무리한 운동인 것이다. 자칫하면 공을 던져 넣는 농구 놀이가 아니라 손으로 공을 잡아서 집어넣는 시시한 놀이가 되어 버린다.

장난감 농구골대처럼 아무리 던져도 공이 잘 들어가지 않는다면 아이에게 분한 마음만 생기고 흥미가 끓어오르지 않는데다가 좌절감을 느끼거나 자신감 상실로 이어질 수 있다. 어린아이들이 새로운 것에 도전할 때는 성공 확률을 높여주어야 한다. 자주 성공을 경험해야 해냈다는 기쁨을 누리고, 승리의 맛을 알면서 자신감을 갖게 된다.

아이들은 상징능력이 뛰어나서 소꿉놀이를 하면서 공을 음식으로, 컵을 모자로 사용한다. 농구를 상징할 수 있는 것에는 동그란 링과 공이 있다. 골대는 넓을수록 좋고 공은 마음껏 던질 수 있도록 가벼워야 한다.

나는 훌라후프와 비치볼을 갖고 아이들과 농구 놀이를 한다. 내가 훌라후프를 들고 있으면 아이들이 훌라후프 안에 비치볼을 던져 넣는데, 훌라후프가 넓어서 비치볼이 잘 들어간다. 공이 내 몸으로 날아오면 헤딩을 하거나 가슴으로 받아 넣어준다. 아이들이 공을 엉뚱한 곳으로 던졌을 때도 골인시켜줄 수 있다. 손으로 들고 있는 훌라후프를 살짝 움직여서 공을 넣어주면 된다. 훌라후프는 골이 공을 쫓아가서 넣어주는, 성공 확률 90퍼센트가 넘는 최첨단 농구골대다.

농구골대의 높이를 바꾸어주면 아이들은 자신의 성장을 느낀다. 처음에는 배 높이에서 훌라후프를 들고, 그다음에는 명치 높이, 가슴 높이, 목 높이로 높이를 올려나간다. 가슴 높이나 목 높이가 되면 아이가 꽤 힘을 주어 비치볼을 던져야 한다. 훌라후프 농구에서 아이들의 성장을 확인시켜주는 것은 골 성공률의 향상이 아니라 골대의 높이다.

주변의 사물을 이용해 문제를 해결하는 창의성

욕조에서 아이와 목욕을 할 때 물총 놀이를 많이 한다. 천 원짜리 물총은 고장이 잘나고, 조금 비싼 것은 부피가 커서 욕실에서 갖고 놀기에 불편하다. 물총으로 사용할 것이 없을까 집 안을 살펴보다가 병원에서 물약을 넣어주는 약통을 발견했다. 물총으로 쓰기에 크기가 적당하고 부드러워서 아이도 쉽게 가지고 놀 수 있다.

물총으로 아이와 겨드랑이 쏘기 놀이를 한다. 아이가 아빠의 겨드랑이에 물총을 쏘았을 때 사실은 그렇게 간지럽지 않지만 무척 간지러운 듯이 몸을 뒤틀어주면 아이가 무척 즐거워한다. 아이는 양팔을 옆구리에 딱 붙이고 공격한다. 아빠도 그런 자세를 취하지만 때때로 팔을 벌려 틈을 만들어준다.

부모를 관찰하고 모방할 수 있는 기회가 많으면 아이의 전반적인 학습능력과 문제해결 능력이 발달한다고 한다. 아이에게 필요한 물건이 있으면, 우선 사고 보는 경우가 많은데 물건을 사기 전에 만들 수 있는 것은 만들어보고, 대체물을 찾을 수 있는 것은 대체물을 구해보자.

농구를 하는 데 훌라후프를 꺼내오고, 물총 대신 약통을 가지고 논다. 이런 경험은 아이에게 주변에 있는 사물을 이용해서 문제를 해결하는 법을 가르친다. 일종의 창의성을 배우는 것이다.

어른을 이기면 자신감을 얻는다
: 축구 놀이

 딸과는 자주 승부를 겨루는 놀이를 해야 한다. 아빠가 승부 놀이를 해주지 않으면, 딸은 그럴 기회를 얻기가 좀처럼 힘들기 때문이다.

경쟁을 즐기는 남자아이를 찾는 일은 너무나 쉬운 일이다. 오히려 경쟁하지 않는 남자아이를 찾는 일이 훨씬 더 힘들 것이다. 점심시간에 초등학교 교정에 가보면 남자아이들은 떼를 지어 축구 같은 경쟁적인 놀이를 한다. 여자아이들은 삼삼오오 모여앉아 이야기를 나누거나 경쟁이 필요 없는 놀이를 한다.

하지만 경쟁을 해야 하는 상황이 되면 여자아이들도 남자아이만큼 적극적으로 경쟁한다고 한다. 딸아이와 놀이를 할 때, 아빠는 의식적으로 경쟁하고 승부를 겨루는 놀이를 자주 할 필요가 있다. 게다가 승부 놀이에서 아빠를 이긴다는 것은 '어른을 이겼다'는 강렬한 경험이고, 그만큼 아이에게 자신감을 키워준다. 축구 놀이는 아주 어린아이도 아빠와 승부를 겨룰 수 있는 놀이다.

아이들은 두세 살만 되어도 무엇이든 뻥뻥 걷어차는 것을 좋아한다. 이는 뇌에서 무언가 뻥뻥 걷어차며 몸의 균형을 찾고 다리의 힘을 기르라고 신호를 보내는 것이라고 생각한다.

딸아이가 세 살 때 성인용 축구공을 샀다. 월드컵에 대한 관심이 고조되던 시기였기에 나도 모르게 열기에 휩싸여서 바보 같은 일을 저질렀다. 그 축구공은 딸아이가 초등학교에 들어갈 때까지 거의 사용하지 않았다. 성인용 축구공은 너무 무거워서 아이가 차기에 버겁고, 너무 딱딱해서 발도 아프다.

축구 놀이는 가벼운 것으로 시작하는 것이 좋다. 제대로 찼을 때의 기쁨을 느끼도록 풍선을 이용한다. 풍선은 워낙 가벼워서 가운데만 정확히 맞추면 '뻥' 소리와 함께 멀리 날아간다. 이때 통쾌한 느낌이 든다.

처음에는 손으로 잡아주면서 아이가 차게 한다. 아이가 차는 순간 손을 놓는다. 차는 것에 익숙해지면 아이의 다리 쪽으로 풍선을 던져준다. 타이밍을 맞추어 제대로 차는 데는 조금 시간이 걸리지만 헛발질을 하는 일은 거의 없으므로 즐겁게 놀 수 있다.

풍선에 익숙해지면 비치볼에 도전한다. 비치볼은 크기가 거서 제대로 차기 쉽다. 다리 힘만 받쳐주면 뻥뻥 차낼 수 있다. 비치볼에 익숙해지면 축구공 모양으로 생긴 공, 조금 두꺼운 플라스틱에 공기를 빵빵하게 채운 공으로 축구를 한다. 이때부터 한 번씩 번갈아 차면서 누가 더 골을 많이 넣는지 승부차기 놀이를 할 수 있다.

풍선이나 비치볼은 가벼워서 집 안에 있는 물건을 상하게 하는 일이 거의 없다. 하지만 플라스틱 공은 잘못 날아가면 액자나 화분을 깰 수 있으므로 집 안에서는 항상 공을 굴려 차게 만들어야 한다.

그래서 다리를 벌려 축구 골대로 삼는 방법을 생각했다. 여기에서는 공을 굴리지 않으면 골을 넣을 수 없다. 아이가 찰 때는 아빠가 다리를 벌려 골대를 만들고, 아빠가 찰 때는 아이가 다리를 벌려 골대를 만든다.

아이와 승부를 겨룰 때는 90퍼센트 이상 져주어야 한다. 아빠를 이겼다는 사실이 아이에게 더할 나위 없는 기쁨이자 자신감의 원천이 된다. 다리로 골대를 만들면 자연스럽게 아이가 이기기 쉬운 게임이 된다. 아빠가 다리를 벌리면 제법 넓은 공간이 생기지만, 아이가 다리를 벌리면 공 하나 겨우 들어가는 좁은 골대가 되기 때문이다.

딸아이는 그것도 부족한지 다리를 쫙 펴 땅에 닿을 듯 말 듯하게 골대를 만들어서 공이 통과할 수 없게 했다. 그 덕분인지 딸아이는 다리의 유연성이 무척 좋다.

아이가 드리블을 해서 아빠 다리 골대에 공을 넣는 놀이도 할 수 있는데, 너무 쉬우니까 골키퍼를 둔다. 아빠가 허리를 숙여 손으로 막는 것이다. 이때는 성공 확률이 낮아도 된다. 아빠가 공을 잡지 않고 펀칭을 해주면, 튀어나온 공을 다시 차 넣을 수 있다. 아이가 포기하지 않고 악착같이 골을 넣는 경험을 할 수 있다.

05

아이가 온 힘을 다할 때만 져주어라
: 스모 놀이

 "어떻게 하면 공부를 잘할 수 있을까요?" "어떻게 하면 골프를 잘 칠 수 있을까요?" "어떻게 하면 회사 일을 잘할 수 있을까요?"

이런 질문에는 '노력하지 않고도'라는 말이 숨어 있다. 노력없이 무엇인가를 잘할 수는 없다. 재능 중에 가장 뛰어난 재능은 '노력하는 재능'이라고 생각한다.

사실 천부적으로 재능을 타고난 '천재' 아이들도 있다. 별로 힘들지 않게 어려운 것을 이해하고, 충분히 연습을 하지 않고도 운동을 곧잘 한다. 하지만 이런 천재 아이들 가운데 상당수는 성인이 되었을 때 빛을 잃는 경우가 많다.

대학 동기 중에는 두 페이지 정도의 잡지 기사를 한 번 읽고는 토

씨 하나 틀리지 않고 다시 말하는 친구들이 몇 명 있었다. 사진을 찍듯이 한 번 본 것은 잊어버리지 않는 대단한 기억력을 가진 친구들이었다. 그러니 공부를 많이 하지 않고도 전교 1등을 도맡아 했다. 재미있는 것은 이들의 사회생활은 그다지 탁월하지 못했다는 점이다. 천재나 탁월한 기억력의 소유자들은 무엇인가를 얻기 위해 노력을 해본 경험이 없기 때문일 것이다. 아무리 재능이 뛰어나도 노력 없이는 아무것도 이룰 수 없다. 성공하지 못하는 사람에게 부족한 것은 천부적인 재능이 아니라 노력을 지속해나가는 인내심이다.

아이와 승부를 겨루는 놀이를 할 때, 아빠가 져주어야 아이에게 자신감을 심어줄 수 있다. 하지만 아이가 별다른 노력을 하지 않았는데 져주는 것은 곤란하다. 노력 없이 쉽게 성공을 거두는 경험이 쌓이면 노력의 중요성을 깨닫지 못한다.

'스모 놀이'는 일본의 씨름인 스모를 변형한 것으로, 아빠와 아이가 힘을 겨루는 놀이다. 실제 스모에서는 발을 걸어 상대를 넘어뜨리거나 손으로 상대의 몸을 휘감아 던지는 등 여러 가지 기술을 사용한다. 하지만 아이와 놀 때는 규칙이 간단해야 하므로 아이와 스모할 때도 손으로 '밀기'만 사용한다. '밀기'만 사용해도 충분히 재미있다.

아이가 네다섯 살 정도면 아빠가 무릎을 꿇고 앉아서 상체를 세운 상태에서 아이와 손바닥을 맞대고 서로 힘을 주어 미는 스모 놀이를 한다. 아빠의 상체가 뒤로 넘어가면 아이가 이기는데 아빠가 뒤로 넘어갈 때, 아이는 힘껏 밀던 관성 때문에 아빠의 몸 위로 쓰러진다. 이때 아이를 안아주면서 뽀뽀하는 스킨십을 할 수 있다.

아이가 여섯 살 정도 되면 아빠도 일어서서 스모를 한다. 이불을 펼쳐놓거나 끈 같은 것을 바닥에 놓고 경기장의 경계선으로 삼는데 경계선 밖으로 밀어내면 이기는 놀이다.

스모는 씨름과 달리 서로 떨어진 상태에서 경기를 시작한다. 경기가 시작되면 양손을 가슴 높이로 올리고 상대에게 돌진해 힘차게 민다. 배, 가슴, 어깨 어디든지 밀 수 있다. 아이는 아빠를 이기기 위해 젖 먹던 힘까지 낸다. 아이가 있는 힘을 다해 밀면 조금씩 밀려나는 척하다가 이불 밖으로 나가준다.

아이가 '나는 뭘 해도 아빠를 이길 수 있어'라고 생각하는 것은 잘못된 자신감이다. 아이 스스로 이해할 수 있는 이유가 있어야 하므로 아이가 온 힘을 다해서 밀 때 져주어야 한다. 이런 경험을 해야 아이가 '온 힘을 다하면 이길 수 있다'는 올바른 자신감을 갖는다.

'아이가 혹시 아빠가 져준다고 생각하지 않을까. 그러면 자신감을 갖는 데 별로 도움이 되지 않을 텐데…' 이런 걱정을 하는 분들이 있다. 만 2세에서 7세 사이의 시기는 인지발달 단계에서 '전조작기'

라고 한다. '조작'이란 논리적인 사고를 말하는데, 논리적인 사고를 하는 전 단계여서 '전조작기'라고 한다.

전조작기의 아이들은 길이가 서로 다른 몇 개의 막대를 크기 순서대로 늘어놓는 일을 잘하지 못한다. 여러 가지를 비교하려면 논리적인 사고가 필요하다. A가 B보다 크고, B가 C보다 크다면, A는 C보다 크다는 추론을 할 수 있어야 순서대로 늘어놓을 수 있다. 그런데 전조작기의 아이들은 이런 추론을 잘하지 못한다. 그래서 평소 물건을 들거나 아이를 업어줄 때는 아빠가 자신보다 힘이 세다고 생각하지만, 힘으로 승부하는 놀이에서 아빠를 이겼다고 해서 아빠가 져주

스모 놀이
딸아이와 함께 스모 놀이를 할 때는
간단한 규칙만을 사용한다.

었다는 생각은 하지 못한다.

딸아이는 일곱 살 때 아빠가 온 힘을 다하는 것이 아니라는 것을 알게 되었다. 딸아이가 갑자기 "아빠, 아빠 힘 중에서 얼마나 쓴 거야?"라고 물었다.

딸아이가 '3분의 1'이나 '4분의 1' 같은 말을 알 리가 없으므로 '절반'이라고 대답했다. 딸아이는 "아빠, 절반보다 큰 것은 뭐야?"라고 다시 물었다. "왜?"라고 묻자 "이번에는 절반보다 힘을 더 많이 써봐"라고 했다. 도전 욕구와 승부 근성이 발동한 것이다.

아이에게 절반 이상을 설명하기는 힘들다. 그래서 퍼센트 개념을 가르쳤다. 아빠가 있는 힘을 다하는 것은 100퍼센트, 절반은 50퍼센트, 절반보다 큰 것에는 60퍼센트, 70퍼센트, 80퍼센트, 90퍼센트가 있다고 가르쳐주었다. 딸아이는 퍼센트의 개념을 어렴풋이 알게 되었다.

이제 딸아이는 스모 놀이를 시작하기 전에 "아빠, 이번에는 아빠 힘 70퍼센트만 써"라고 요구하거나, 스모에서 이긴 후 "방금 전에는 몇 퍼센트 썼어?"라고 묻는다. 자신의 성장을 확인하고 싶은 것이다. 올해 열 살인 딸아이에게 나는 "90퍼센트를 쓴다"고 대답해주지만, 실제로는 60~70퍼센트 정도 쓰는 것 같다. 힘 겨루는 놀이를 많이 한 덕분인지, 딸아이는 또래 아이들보다 힘이 센 편에 속한다.

06

불리한 상황을 버티면
역전승이라는 드라마가 펼쳐진다
: 씨름 놀이

제2차 세계대전을 승리로 이끈 영국 수상 윈스턴 처칠 경이 93세가 되었을 때, 한 대학의 초청으로 강연을 하게 되었다. 수없이 많은 사람들이 강연장에 몰려들었다. 대학의 학장은 처칠을 영국에서 가장 의미 있는 삶을 산 인물이라고 소개하며, 처칠이 살아오면서 가장 핵심이라고 생각한 것에 관해 연설할 것이라고 말했다. 처칠은 열광적인 환영을 받으며 연단에 올라섰다. 청중들은 모두 숨을 죽이고 그의 입에서 나올 대단한 연설을 기대했다. 드디어 그가 입을 열었다.

"절대로 포기하지 마라(Never Give Up)!"

그는 힘 있는 목소리로 첫 마디를 뗐다. 그리고는 청중들을 천천히 둘러보았다. 그리고 말을 이었다.

"절내로, 절내로, 절내로, 절내로, 절내로, 절내로, 포기하시 바라!"

처칠은 다시 한 번 큰소리로 이렇게 외쳤다. 일곱 번의 Never Give Up!, 그것이 연설의 전부였다. 명연설을 기대했던 청중들이 그의 연설에 만족한 것은 아니다. 하지만 처칠의 일생을 돌이켜보면 왜 그가 그런 연설을 했는지 알 수 있다. 처칠에게 가장 중요한 말은 바로 '포기하는 자는 패배한다' 였기 때문이다.

씨름 놀이의 규칙은 간단해서 그냥 씨름을 하면 된다. 양손으로 서로 허리춤을 잡고 발을 걸어 상대를 넘어뜨리는데 네다섯 살이면 이런 규칙을 이해한다.

씨름으로 아이를 이기기는 세상에서 가장 쉬운 일이지만 아빠는 일부러 져주어야 한다. 아이가 발을 걸어오면 적당히 힘을 주고 시간을 끌다가 넘어지면서 져준다. 아빠가 아무리 힘을 빼도 아빠를 넘어뜨리는 것은 아이에게 힘에 부치는 일이다. 아이의 이마에 송골송골 땀이 맺힐 정도로 온몸의 힘을 다했다는 생각이 들면 넘어져 준다.

아이가 다리 거는 기술에 익숙해지면 드는 기술을 가르쳐준다. 들어서 넘어뜨리는 시범을 보이면 된다. 물론 아이가 아빠를 들어 올릴 수는 없으니 아빠가 아이를 들어 올리면 된다. 아이를 들어 올리면 아이는 지지 않으려고 양쪽 다리를 아빠의 허벅지에 감으면서 필사적으로 버틴다. 시간을 끌다가 힘에 부친 듯이 내려놓으면 아이가 아빠의 다리를 걸어온다. 그때 넘어지면, 아이는 역전승이라는 짜릿한 승리를 만끽하게 된다.

세상에는 인생역전의 스승들이 많다. 미국 농구계의 살아 있는 전설이라 불리는 마이클 조던은 고등학교 시절 학교 대표팀에서 탈락하는 아픔을 맛보아야만 했다. 그 일을 계기로 그는 끊임없이 노력했고, 결국 세계 최고의 농구선수가 되었다.

《영혼을 위한 닭고기 수프》의 공동 저자인 잭 캔필드와 마크 한센은 책을 출간하기까지 서른세 곳의 출판사에서 거절을 당했다고 한다. 출간 이후 이 책은 전 세계 언어로 번역되어 1천만 부 이상이 판매되었다.

애플 컴퓨터의 CEO 스티브 잡스는 회사를 설립하기 전, 휴렛 팩커드 등의 회사에서 학력이 낮다는 이유로 입사를 거부당했다. 결국 잡스는 애플 컴퓨터를 설립하고, 자신의 아이디어를 혼자서 실용화하는 데 성공했다. 애플은 창립 첫해에 250만 달러가 넘는 놀라운 매출을 기록했다.

아이에게 드는 기술을 사용하는 이유는 불리한 상황에서 버티는 법을 경험하게 하기 위해서다. 아무리 불리해도 끝까지 버티면 역전승이라는 드라마가 기다리고 있다는 것을 알려주는 놀이다.

Tip

아이를 웃기는 할리우드 액션

딸아이는 네 살 때 '우떠는 얘기'를 해달라고 졸랐다. '웃기는 얘기'를 발음이 부정확해 '우떠는 얘기'라고 한 것이다.

"옛날 옛날에 '우'라는 아이가 살았는데, 한겨울에 속옷만 입고 밖에 나갔다가 너무 추워서 부들부들 떨었대. 그래서 우떠는 얘기야."

딸아이는 웃기는커녕 아빠를 한심하다는 듯이 빤히 쳐다보았다.

"아빠, 어른들 유머는 너무 어려워. 아이들 유머로 해줘."

어디서 '유머'라는 말은 들었는지…. 처음에는 머리를 이리 굴리고 저리 굴리며 기억을 더듬다가 딸아이가 원하는 '웃기는 얘기'가 무척 단순하다는 것을 알게 되었다.

"옛날에 산속에 여우가 살았는데, 고개를 넘어가다가 발이 미끄러져서 산 밑으로 떼굴떼굴 떼구루루 굴렀대."

허무 개그도 아닌 이런 얘기에 딸아이는 즐거워한다. 다음 얘기에서는 호랑이가 구르고, 사슴이 구르고, 산타할아버지가 구른다. 구르는 장소는 언덕이었다가, 비탈길이었다가, 지붕이 되었다. 그저 '떼구루루 굴렀대'로 끝나기만 하면 웃었다. 아이들은 넘어지고 자빠지고 데굴데굴 구르는 슬랩스틱 코미디를 좋아한다. 아이가 시무룩해 있을 때 기분을 풀어주는 방법은 간단하다. 아이가 보는 앞에서 소파 위에서 굴러 떨어지거나 바닥에서 미끄러진 것처럼 꽈당 하고 넘어져주면 아이는 웃기 시작한다. '에구구구구' 하면서 음향까지 넣으면 효과 만점이다.

07

스스로 역경을 헤쳐나가는
주인공이 되게 하라

: '못 가' 놀이

 포켓몬스터, 디지몬 어드벤처, 탑 블레이드, 유희왕. 몇 년 전부터 아이들의 마음을 사로잡아 온 애니메이션이다. 나는 '문화평론가' 로 활동했기에 이런 것들에 관심이 많았다. 그런데 이런 것들로부터 일종의 위화감이 느껴지고 무언가 후련하지 않았다. 오래 고민한 끝에 위화감의 정체를 깨달았는데 그것은 바로 '주인공이 적과 직접 싸우지 않는다' 는 점이었다.

주인공이 적과 싸워 물리치지 않는다면 누가 그런 일을 할까. 바로 주인공들의 소유물이다. 몬스터가 주인공을 대신하고, 팽이가 주인공을 대신하고, 카드가 주인공을 대신해서 싸운다.

아이들 동화에 등장하는 적들은 난관이나 과제를 의미한다. 전통적인 주인공은 능동적이고 적극적으로 난관을 헤쳐나갔지만 포켓몬

'못 기' 놀이
아이가 <u>스스로의 힘으로</u>
난관을 헤쳐나갈 수 있게 한다.

스터에서 유희왕에 이르는 애니메이션의 주인공들의 태도는 매우 수동적이다. 수동적인 주인공을 대신해 소유물들이 독자적인 판단에 따라 전투에 임한다.

이런 이상한 애니메이션에 아이들이 열광하는 것은 아이들 역시 수동적으로 바뀌었다는 증거다. 적극적이고 능동적으로 참여해야 즐거움을 느낄 수 있는 놀이 문화가 실종되고, 그 자리를 텔레비전과 게임이 차지했기 때문이다.

텔레비전을 보는 것은 지극히 수동적인 시간 때우기다. 텔레비전이 시청자에게 요구하는 것은 거의 없다. 인터넷 게임은 쌍방향이라는 특성 때문에 능동적으로 보이지만, 게임 프로그램이 미리 정해둔

절차에 수동적으로 반응할 뿐이다. 자동차를 몰고 가다가 길이 오른쪽으로 꺾어지면 기계적으로 오른쪽으로 도는 식이다.

인터넷 게임은 아이가 게임을 하며 노는 것이 아니라, 게임회사가 아이를 갖고 노는 시스템이다. 인터넷 게임에서 상대를 이기기 위해 해야 할 일은 크게 두 가지다. 게임을 많이 해서 자신의 레벨을 올리거나, 돈을 주고 이기는 데 필요한 아이템을 사거나 해야 한다. 인터넷 게임은 아이에게 '이기고 싶다면 단순 무식하게 많이 해라. 아니면 돈으로 상대를 눌러라' 라고 가르칠 뿐이다.

딸아이가 이런 시대 상황에 휩쓸려 수동적인 성향이 되지 않도록 '못 가 놀이'를 많이 해야 한다. 이것은 아이가 자기 힘으로 난관을 헤쳐나가는 경험을 하게 하는 놀이로, 아이 연령에 따라 다양한 방법으로 할 수 있다.

'못 가 놀이'는 우리 집에서 역사가 가장 오래된 놀이다. 딸아이가 세 살 때 시작했으니 벌써 7년째가 되었다. 물론 딸아이가 커가면서 놀이 형태가 조금씩 바뀌었지만.

딸아이는 세 살 때, 아빠 다리 사이로 지나다니는 것을 좋아했다. 내가 다리를 벌린 채로 서 있으면 기어서 다리 사이를 지나간다. 딸아이의 몸이 절반 정도 빠져나왔을 때 다리를 오므려 두 다리로 아이의 몸을 조이면서 "못 가!"라고 말했다. 딸아이는 손으로 내 다리를 밀기도 하고 꼬집기도 히면서 빠져나왔다. 이것이 '못 가 놀이'의 시작이다.

아빠나 엄마가 엎드려서 무엇을 하고 있으면 아이들이 등에 올라탄다. 누가 가르치지 않아도 그렇게 말타기 놀이를 즐긴다. 말타기 놀이는 대개 거실 같은 곳에서 아빠가 아이를 등에 태우고 어슬렁거리면서 다니는 것이 일반적이다.

그런데 걷는 말이 아니라 '뛰는 말'이 되면 좀더 스릴이 있다. 아이가 등에 올라타면 허리를 위아래로 흔들어 말이 빠르게 달리는 느낌을 주는 것이다. 아이를 말에서 떨어뜨리는 '로데오 경기 놀이'도 할수 있다. 아이가 등에 타면 아빠의 목을 끌어안거나 옷을 꼭 잡도록한 뒤 몸을 천천히 흔들다가 갑자기 한쪽 팔을 굽히며 몸을 쏠리게 한다. 아이가 아빠를 꼭 잡고 있어도 요동이 심하면 떨어져 다칠 수 있으므로 반드시 밑에 두꺼운 이불을 깔고 한다.

말타기 놀이에 '말 뒤집기 놀이'를 곁들일 수 있다. 아빠가 말타기 놀이를 하려고 엎드린 자세로 있으면 팔과 다리 사이에 터널이 생긴다. 아이는 그 사이를 기어서 나가려고 한다. 아이가 반쯤 빠져나왔을 때 허리를 숙여 배로 아이를 압박하며 '못 가'를 외친다. 아이는 몸을 낮추어 낮은 포복 자세로 기는 등 안간힘을 쓰면서 빠져나간다.

아이가 등에 힘을 주어 아빠의 배를 밀어 올리기도 한다. 아이가 꽤 큰 힘을 주었을 때 아빠가 몸을 뒤집으며 나뒹굴어주면 아이는 '이겼다'는 성취감을 느낀다. 그래서 '말 뒤집기 놀이'라는 이름을 붙였다.

딸아이가 크면서 '못 가 놀이'는 이불 위에서 하는 놀이로 변형되었다. 이불 위에 아이와 나란히 누워서 다리로 아이의 몸을 휘감고는 '못 가!' 하고 외친다. 아이는 있는 힘을 다해 아빠의 다리와 팔을 풀고 빠져나온다.

딸아이가 여섯 살이 되었을 때에는 다리로만 휘감는 것으로는 성이 차지 않게 되었다. 그래서 온몸으로 딸아이를 구속하는 놀이로 바뀌었다. 양팔로 딸아이의 윗몸을 끌어안고 다리로는 아이의 다리 쪽을 휘감는다. 딸아이의 키가 1미터를 넘어선 시기였으므로 이런 자세가 가능했다. 이렇게 하면 적당히 힘을 주어도 딸아이가 빠져나오기 힘들다.

아이가 자신을 구속하는 아빠의 팔을 풀었을 때는 다시 감지 않는 것이 좋다. 아이는 힘이 약해서 아빠의 팔과 다리를 동시에 풀 수 없기 때문에 팔과 다리를 하나씩 풀면서 나와야 하는데, 하나씩 풀 때마다 하나의 난관을 헤쳐나온 셈이 된다.

딸아이가 일곱 살이 되었을 때는 내가 전력을 다해도 막을 수 없는 상태가 되었다. 이때부터 '못 가 놀이'는 거실로 옮겨서 서서 하는 놀이가 되었다. 딸아이는 거실 베란다 쪽으로 가려고 하고 나는 양팔을 벌리고 서서 막는 놀이다. 한 발을 들고 '못 가 놀이'를 하기도 한다. 초등학생 시절에 유행했던 '오징어'처럼 한 발을 들고 하면 훨씬 과격한 놀이가 된다.

놀이에는 드라마가 필요하다. 드라마의 주인공에게는 목적이 있고, 그 목적을 방해하는 사람이 있다. 주인공이 천신만고 끝에 방해를 물리치고 목적을 달성하는 것이 드라마의 기본 공식이다. 연애 스토리도 액션 스토리도 서스펜스 드라마도 이런 구조를 갖춘다. '못 가 놀이'는 아이가 주인공이 되어 방해와 역경을 헤쳐나가는 놀이다. 그러니 아이는 스스로의 힘으로 역경을 헤쳐나가는 드라마의 주인공이 된다.

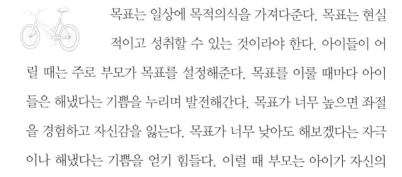

08

성취 가능한 목표를 제시하라
: 높이뛰기, 멀리뛰기

목표는 일상에 목적의식을 가져다준다. 목표는 현실적이고 성취할 수 있는 것이라야 한다. 아이들이 어릴 때는 주로 부모가 목표를 설정해준다. 목표를 이룰 때마다 아이들은 해냈다는 기쁨을 누리며 발전해간다. 목표가 너무 높으면 좌절을 경험하고 자신감을 잃는다. 목표가 너무 낮아도 해보겠다는 자극이나 해냈다는 기쁨을 얻기 힘들다. 이럴 때 부모는 아이가 자신의 능력을 충분히 발휘할 수 있는 적절한 목표를 찾아서 제시해주어야 한다.

아이들이 높이뛰기나 멀리뛰기에 관심을 보일 때, 목표를 설정해주면 흥미를 자극하고 성취하는 기쁨을 느낄 수 있다. 아이에게 높이와 넓이가 적당한 장애물을 목표로 제시해준다.

아이가 맨 처음 하는 높이뛰기는 제자리높이뛰기다. 제자리높이 뛰기를 할 수 있게 되면 물건 건너뛰기에 도전한다. 이때부터 적당한 장애물을 제시할 수 있다. 아이들이 건너뛰기를 처음 시도할 때 한발뛰기가 아닌 두발뛰기를 먼저 하는 것 같다. 그런데 점프해서 앞으로 나가는 일이 그리 쉽지 않다.

딸아이가 두 살 때 거실에 떨어져 있는 볼펜을 건너뛰려고 하는 것을 보았는데 좀처럼 넘지 못하고 제자리로 떨어지는 모습이 귀여웠다. 털실을 잘라 앞에 놓아주었는데 털실을 뛰어넘는 것이 얼마나 어려운 일인지 처음으로 알게 되었다.

털실을 뛰어넘을 수 있게 되면 요령이 생기고 가속도가 붙어 볼펜은 금세 뛰어넘는다. 신문지를 돌돌 말아 놓아주고, 그다음에는 작은 패트병을 놓아준다. 거실을 둘러보면 아이에게 도전시킬 것 천지다. 천천히 장애물의 높이를 높여가면서 하나씩 뛰어넘을 수 있게 해주고, 새로운 것을 뛰어넘을 때마다 성장을 칭찬해준다.

이때 아이가 넘어지거나 뛰는 소리가 아래층에 들릴 수도 있으므로 두꺼운 요를 깔고 하는 것이 좋다. 아이도 자신이 안전하다는 것을 알면 더 적극적으로 도전에 임한다.

멀리뛰기는 한발뛰기를 익히는 것과 같은데 고무 매트를 사용하면 쉽게 익힐 수 있다. 고무 매트는 아이들이 바닥에 넘어졌을 때 크게 다치지 않도록 쿠션을 주는 용도로 만들어진 것으로 가로, 세로 각각 30센티미터 정도에 숫자, 알파벳 같은 것이 씌어 있다. 보통은 조립해서 바닥에 깔지만 한 장 한 장 떼어내 놀이도구로 사용할 수도 있다.

고무 매트를 적당한 간격으로 징검다리처럼 놓아주면 한 발 한 발 뛰어서 건너간다. 바닥이 미끄러우면 매트가 밀려나면서 아이가 넘어질 수 있으므로 두꺼운 요 위에 고무 매트를 펼쳐놓는 것이 안전하다. 고무 매트가 없으면 수건을 접어서 사용한다.

고무 매트에 익숙해지면 매트 대신 베개나 쿠션을 이용한다. 쿠션이나 베개는 평평하지 않기 때문에 아이가 한 발 한 발 뛸 때마다 균형을 잡아야 하므로 균형감각을 익히는 데 도움이 된다.

아빠의 몸은
세상에서 제일 좋은 놀이터다

: 아빠 몸 건너뛰기

 아이들에게 높이뛰기, 멀리뛰기까지 가르칠 필요가
있을까? 사실 가르치지 않아도 때가 되면 알아서 하
지만 미리 가르쳐놓으면 아빠가 편해질 수 있다.

대부분의 아빠들이 하기 힘든 것 가운데 하나가 주말에 아이보다
일찍 일어나는 일이다. 아빠들은 연일 계속되는 과중한 일과 술자리
로 주말이면 녹초가 된다. 하루 종일 자고 싶은데 아이들은 놀자고
성화를 부리고, 아빠는 놀아주고 싶지만 몸이 따라주지 않는다. 단
30분만이라도 더 누워 있고 싶다. 하다못해 기대어 앉아 졸기라고
하고 싶다.

이때 발상을 조금만 바꾸면 누운 채로 얼마든지 아이들과 놀 수
있다. 아이가 높이뛰기와 멀리뛰기를 할 수 있으면 이럴 때 유용하

다. 아빠의 다리를 장애물로 삼아서 폴짝폴짝 뛰어넘는 놀이를 할 수 있다. 아빠 다리는 높이와 넓이가 아이들에게 딱 맞는 장애물이다. 아빠는 누워 있을 뿐이지만 아이는 아빠의 몸을 이용해서 놀기 때문에 아빠와 놀고 있다고 느낀다. 아이가 걸려 넘어질 수 있으므로 바닥에 요를 깔아두어야 하는데, 자다가 일어나서 이 놀이를 하면 요가 이미 깔려 있다는 편리함도 있다.

아빠 다리를 장애물로 사용하면 여러 형태의 건너뛰기 놀이를 할 수 있다. 다리 하나를 뛰어넘는 데 익숙해지면 삼단뛰기 놀이가 가능해진다. 아빠가 다리를 적당히 벌려주면 아이가 다리 하나를 건넌 다음 연속동작으로 다리 하나를 또 넘어가는 놀이다.

아빠의 몸을 디딤돌 삼아 뛰는 놀이도 할 수 있다. 한 발로 아빠의 배나 가슴을 밟으면서 건너뛰어 가는 놀이다. 아이가 배를 밟을 때 배에 힘을 주면 배가 살짝 올라온다. 땅을 밟을 때 땅이 울렁거리면 무서워하지만 아빠의 몸 위는 안전하다고 느끼기 때문인지 아빠 배가 울렁거리면 재미있어 한다. 아마도 흔들거리는 다리를 건너서 뛰는 느낌이 들 것이다.

한 발로 건너뛰는 폭이 넓어지면 두 다리를 붙여서 한 번에 건너 뛰는 놀이도 할 수 있다. 아빠의 두 다리를 자유자재로 건너뛰게 되면 분명히 아빠의 배나 가슴을 건너뛰겠다고 할 것이다. 하지만 잘

못 건너뛰어 아빠 몸 위로 떨어질 수 있기 때문에 조금 위험한 놀이다. 아이가 불룩 튀어나온 아빠의 배를 뛰어넘겠다고 하는 것은 일종의 도전이다. 모처럼 아이가 용기를 낸 만큼 아빠도 용기를 내서 도전해보자. 아빠가 불안한 표정을 지으면 아이도 불안해져 넘을 것도 넘지 못한다. 아무리 겁이 나더라도 얼굴 표정은 스마일~ 스마일~. 피할 수 없다면 즐기는 편이 낫다.

내 경험을 말하자면 딸아이가 내 몸을 건너뛰는 놀이를 시작했을 때 제대로 넘지 못해 발이 내 배 위로 떨어진 적이 몇 번 있었지만 별로 아프지 않았다. 건너뛰기를 하는 상태이므로 발이 직각으로 위에서 떨어지는 것이 아니라 옆으로 미끄러지듯이 떨어지기 때문에 충격이 크지 않은 것이다. 한 번 경험하고 나면 별로 두렵지 않다.

아빠 몸을 두 발로 건너뛰는 것은 한 발로 건너뛰는 것보다 어렵지만 요령은 마찬가지다. 다리 하나를 건너뛰는 것에서 시작해 두 다리 붙인 것 건너뛰기, 두 다리를 5센티미터 정도 벌린 것 건너뛰기, 이런 식으로 난이도를 높여 나간다. 두 다리 사이가 20센티미터 정도 되어도 능숙하게 넘을 수 있게 되면 배 부위도, 가슴 부위도 쉽게 뛰어넘는다.

단순 무식한 놀이지만 아이들은 이런 놀이도 즐거워한다. 게다가 아이들에게 아빠의 가치를 알려줄 수 있는 놀이다. 엄마는 애 낳고 나면 삭신이 쑤시기 때문에 이런 놀이를 해줄 수 없다. 하지만 아빠의 경우에는 누워서도, 반쯤 자면서도, 소파에 기대서도 할 수 있으며 눈이 떠지지 않을 때 무척 유용한 놀이다.

걷기 시작하고 나서 몇 개월이 지나면 아이들은 점프를 하고 싶어 한다. 턱만 보면 점프를 하려고 한다. 이때는 잠깐만 한눈을 팔아도 아이가 크게 다치는 경우가 많다. 이럴 때 아빠 몸 위에서 점프하는 놀이를 시킬 수 있다. 아빠는 누워서 놀아줄 수 있고, 아이는 안전하게 점프를 즐길 수 있다.

아빠가 누운 상태에서 아이의 두 손을 잡고 아빠 몸 위를 걷게 한다. 아이가 알아서 중간중간에 점프를 한다. 처음에는 손을 잡고 점프하는데, 익숙해지면 손을 놓고 뛴다.

아이가 몸 위에서 점프를 하면 조금 아픈데 더구나 발로 떨어지는 것보다 엉덩이로 떨어질 때 충격이 좀더 크다. 엉덩이로 떨어지려면 그만큼 높이 점프해야 하기 때문이다. 가슴에서 점프할 때는 그래도 참을 만한데, 배 위 점프는 통증이 상당히 크다. 그럴 때 배에 힘을 주면 통증이 많이 줄어든다. 아이가 배 위에서 점프하려고 할 때마다 배에 힘을 줘라. 뱃살 빼는 데 꽤 효과가 있을지도 모른다(희망사항이다).

큰딸아이가 서너 살 되었을 때, 주말에 누워서 노는 것으로 놀이를 시작한 적이 많다. 잠은 잘 수 없지만 누워 있는 것만으로도 피곤이 풀린다. 아이가 내 몸 위에서 점프하고 다리를 건너뛰는 사이에 한 시간은 훌쩍 지나간다. 그사이에 내 몸은 잠에서 깨어나고 숙취에서 벗어난다.

이렇게 좋은 놀이를 다른 아빠들은 왜 하지 않는 것일까. 어렸을 때 아버지나 다른 어른이 방에 누워 계실 때 다리 쪽으로 돌아가도록 불호령이 떨어졌다. 하물며 어른의 몸을 건너가는 행위는 오죽했으랴. 3박 4일은 족히 두들겨 맞을 만한 일이었다.

이런 낡은 사고에서 벗어나면 아빠의 몸은 그야말로 세상에서 제일 좋은 놀이터가 된다. 아빠는 조금 더 쉴 수 있고, 아이는 즐겁게 놀 수 있으니 이보다 더 좋은 일은 없을 것이다.

10

딸에게 놀이의 결정권을 주어라

 어떤 유명한 미래학자는 일본의 장래에 대해 무척 비관적인 의견을 내놓았다. 그는 일본의 청소년과 젊은이들에 대해 "세계에서 가장 맥 없는 집단"이라고 평했다. 그리고 그런 세대가 성인이 되었을 때 사회가 제대로 굴러갈 수 있을지 걱정된다는 말을 덧붙였다.

일본의 기성세대는 지금의 일본 청소년의 특징을 '삼무(三無)'라는 말로 요약한다. 삼무란 무기력, 무책임, 무감동을 일컫는다.

'삼무'의 원인은 자신의 일을 스스로 결정하고 책임지는 경험을 제대로 하지 못한 것이다. 스스로의 힘으로 무엇인가를 해본 일이 없으므로 무기력하고 스스로 결정한 일이 아니므로 어떤 일에도 책임을 지려 하지 않는다. 자신의 의지로 한 일이 아니므로 어떤 것에 두 감동을 느끼지 못한다. 부모가 정해준 스케줄에 따라 하원을 뺑뺑이 도는 우리 아이들이 처해 있는 상황과 크게 다르지 않다는 점이 심히 걱정된다.

'아이들은 모름지기 밖에 나가 놀아야 한다'고 흔히 생각한다. 밝은 햇빛 아래 구릿빛 얼굴로 아이들이 뛰어노는 것을 이상적인 모습으로 여긴다. 물론 아이들은 밖에서 뛰어놀면서 몸을 움직여 주어야 건강하게 자란다. 하지만 현실은 그렇게 만만하지 않다.

아파트 단지나 웬만한 동네에는 놀이터가 자리 잡고 있지만, 놀이터에 나가도 같이 어울려 놀 수 있는 아이들이 없다. 요즘 아이들이 바쁘기 때문이다. 네다섯 살만 되어도 속셈이다, 한글이다, 피아노다 하며 무엇인가 배우러 다닌다.

결국 놀이터에서 아빠와 아이 둘이 놀기 일쑤다. 변변한 휴식 공간도 없는 곳이라 오래 놀기는 힘들다. 한 시간이 한계일 것이다. 놀이터에서 아빠가 잠시 한눈을 팔면 아이가 다치기 쉽다. 요즘 세상은 너무 험해서 딸아이를 공중화장실에 보낼 때도 걱정이 앞선다. 여자 화장실에 일일이 쫓아 들어갈 수도 없기 때문에 아빠와 둘이 노는 것이라면 차라리 거실이 훨씬 좋은 놀이 공간이라고 생각한다.

실내는 안전할뿐더러 놀이 도중에 필요한 것들이 모두 갖추어져 있다. 물도 마실 수 있고 소파에서 잠시 쉴 수도 있으며 화장실도 깨

깟하고 안전하다. 놀이는 밖에서 해야 한다는 것은 편견이다. 거실이야말로 세상에서 제일 좋은 놀이터다.

밖에서 뛰어 놀기 힘든 때도 의외로 무척 많다. 비가 오거나 너무 춥거나 너무 덥거나 황사가 오는 경우는 아무리 밖에서 놀고 싶어도 놀 수가 없다.

집 안에서 노는 놀이는 정적일 것이라고 생각하기 쉽지만 그것은 일종의 선입견이다. 조금만 궁리하면 거실에서도 얼마든지 몸을 움직이면서 놀 수 있는 거리들이 많다. 스모나 씨름 놀이는 밖에서 하는 어떤 놀이보다 과격하게 몸을 움직여야 한다.

거실에서 오래 놀려면 어떤 놀이를 어떻게 진행할지, 놀이 시간과 휴식 시간을 어떻게 조합할지 등 여러 가지 계산이 필요하다. 나는 이런 결정을 모두 아이에게 맡기고 있다. 스스로 결정하고 책임지는 훈련을 시키기 위해서다.

나는 아이와 노는 맛에 흠뻑 빠져 주말이면 거의 하루 종일을 아이들과 논다. 아이와 노는 것에 익숙하지 않은 아빠는 한 시간이나 두 시간 정도 시간을 정해놓고 노는 것이 좋다. 처음부터 너무 무리를 하면 도망치고 싶어지기 때문이다.

한 시간이든 두 시간이든 아이와 놀아주기로 했다면, 아이에게 몇 시까지 놀 수 있는지 확실하게 알려주되, 무엇을 할지는 아이에게 맡기는 것이 좋다. 독립적이고 사립적인 어른으로 성장하려면 스스로 결정할 수 있는 '자기결정 능력'이 필요하다. '자기결정 능력'은 아이에게 '자기결정 권리'를 주는 데서 길러진다.

여섯 살 때 딸아이는 스모 놀이만 한 시간을 계속하고는 피곤한지 세 시간 넘게 곯아떨어졌다. 자고 일어나서는 제대로 놀지 못했다고 입이 툭 튀어나왔지만, 스모 놀이를 계속하자고 한 것은 딸아이 자신이었기 때문에 불만을 터뜨리지는 않았다. 그 뒤로는 과격한 놀이를 할 때는 중간에 쉬었다 하자고 한다.

어떤 일이든 아이에게 결정권을 주면 자신의 선택에 대해 책임지는 경험을 해나간다. 실수하고 실패하면서 조금씩 현명하게 결정하는 법을 배워나간다. 아이와 놀이하는 시간도 아이에게 결정권을 주기에 적합한 기회다. 이왕 즐겁게 놀기로 했으니 아이에게 결정권을 주면 아이는 훨씬 더 즐거운 시간을 보낼 수 있다.

part
2

집중력이
승부를 좌우한다

집중력은 '타고난 재능'은 아니다. 하지만 누구나 좋아하는 일에는 쉽게 몰입할 수 있기에 어려서부터 집중력을 기를 수 있다. 놀이를 하다보면 어린아이도 몰입을 경험하면서 집중력을 기를 수 있고, 그렇게 기른 집중력은 학교에서는 공부를, 사회에서는 주어진 일을 잘 해낼 수 있는 원천이 된다.

교육학자들은 입을 모아 말한다.

"영재, 천재 중에는 집중력이 약한 사람이 없다. 집중력은 순간적으로 정신을 몰아 쓰는 것이기 때문에 어떤 일을 할 때 굉장히 능률적으로 만들어준다. 창조성 같은 능력도 무엇인가에 빠져드는 것에서 생긴다."

아무리 타고난 재능이 뛰어나도 집중하는 법을 배우지 못하면 성숙한 지능으로 발전하지 못한다. 굳이 이런 얘기를 하지 않더라도, 우리는 집중력이 강한 아이가 학업 성취도가 높고, 사회에 나와서도 일을 잘한다는 것을 경험으로 알고 있다.

집중력을 발휘한다는 것은 어떤 것에 몰입하는 것이다. 그렇다면

'몰입'은 어떤 경우에 일어나는 것일까. '몰입'에 관해 여러 권의 책을 쓴 세계적인 심리학 석학 미하이 칙센트미하이의 조언을 들어보자. 그는 느끼는 것, 바라는 것, 생각하는 것이 하나로 어우러져, 물이 흐르듯 행동이 자연스럽게 이루어지는 느낌을 '몰입 경험'이라고 한다. 즉 한 사람의 정신력이 한군데에 집중되는 것을 말한다.

그는 '자신감'이야말로 몰입의 단계로 넘어가는 지름길이라고 말했다. 자신의 실력에 비해 어렵지 않은 일을 함으로써 자신감을 얻을 수 있는데, 과제 수준을 적절히 높이며 '몰입'을 경험할 수 있다는 것이다. 과제가 너무 힘겨우면 불안과 두려움에 떨다가 제풀에 포기하고 만다. 과제 수준이 너무 낮으면 아무리 경험해도 미적지근할 뿐이다. 몰입이란 그리 쉽지도 버겁지도 않은 과제를 극복하는 데 자신의 능력을 모두 쏟아 부을 때 나타나는 현상이라는 것이다.

또한 사람들은 화초 가꾸기건, 음악 감상이건, 볼링이건, 요리건, 대체로 자신이 가장 좋아하는 일에 쉽게 몰입하며, 목표와 규칙이 명확하고, 자신의 행동이 어떤 결과를 낳는지 빨리 확인할 수 있는 일에 몰입하기 쉽다고 한다.

아이가 몰입을 경험할 수 있는 손쉬운 방법은 무엇일까. 아이들이 좋아하는 일, 목표와 규칙이 명확하고 결과를 빨리 알 수 있는 일…. 아마 많은 분들이 '놀이'를 떠올릴 것이다.

놀이를 좋아하지 않는 아이는 없다. 놀이는 아이들이 가장 하고 싶어하는 일이다. 놀이처럼 자신이 좋아하는 것을 원 없이 해보지 않은 아이가 공부처럼 그다지 좋아하지 않는 것에 몰입할 수 있을까. 자신이 좋아하는 일에 몰입해보는 경험이 쌓여야 나중에 커서 '재미는 없지만 해야 하는 일'에도 집중력을 발휘할 수 있다.

놀이에는 명확한 목표가 있다. 승부를 겨루는 놀이라면 상대를 이기는 것이 목표다. 놀이에는 규칙이 있다. 이런 일을 해도 되고, 저런 일은 하면 안 된다는 규칙이 있다. 결과도 빨리 확인할 수 있다. 자신이 잘했는지 못했는지, 이겼는지 졌는지 바로 알 수 있다. 놀이는 몰입에 필요한 모든 요건을 갖추고 있다.

아이에게 자신감을 주는 놀이는 성공 확률이 높은 놀이거나, 아빠가 쉽게 져줄 수 있는 놀이다. 몰입을 경험하게 해주는 놀이는 난이도가 좀더 높은 놀이일 것이다. 상대를 이기려면 한눈팔지 않고 주의를 기울여야 하는 놀이가 바람직하다. 시간이 가는 줄 모를 정도로 즐거운 놀이라면 긴 시간 동안 집중력을 발휘하게 된다.

집중력은 '타고난 재능'은 아니다. 하지만 누구나 좋아하는 일에는 쉽게 몰입할 수 있기에 어려서부터 집중력을 기를 수 있다. 놀이는 어린아이에게 집중력을 길러주고, 그렇게 기른 집중력은 학교에서는 공부를, 사회에서는 주어진 일을 잘 해낼 수 있는 원천이 된다.

01

털퍼덕 앉아야 집중력이 생긴다
: 모래 놀이

 아이들은 놀이하는 동안 규칙을 만들고 지키면서 사회성을 키워 나간다. 모래 놀이가 대표적인 경우인데 두 아이가 모래 놀이를 하면 이런 식의 대화를 주고받는다.

"너는 성을 만들어, 나는 성 주위에 강을 만들게."

"우리 터널을 만들자. 나는 이쪽에서 뚫을 테니까 너는 그쪽에서 뚫어서 중간에서 만나자. 무너지지 않게 조심해서 파."

아이들은 스스로 규칙을 정하고, 역할을 나누고, 역할에 따른 책임을 지는 경험을 하면서 사회성을 익혀 나간다.

아이가 모래 놀이를 할 때 주위에 아이들이 많으면 부모는 아이들끼리 어울려 놀 것이라고 기대하면서 의자에서 쉬는 경우가 많다. 하지만 초등학교 입학 전 아이들은 또래아이가 있어도 혼자 노는 일

모래 놀이
부모가 함께 놀아주어야
아이가 사회성을 익혀나갈 수 있다.

이 많다. 옆에 있는 또래와 가까워지려고도 하지 않는다. 원래부터 친한 친구끼리 같이 놀기로 한 경우가 아니면, 결국 아이 혼자 논다. 따라서 부모가 함께 놀아주어야 사회성을 익혀나갈 수 있다.

아이와 모래밭에서 함께 놀아주는 부모를 살펴보면 크게 두 가지 유형으로 나뉜다. 아이 옆에 쪼그려 앉아 있는 부모가 있는가 하면, 모래밭에 털퍼덕 엉덩이를 깔고 앉아서 노는 부모가 있다. 쪼그려 앉으면 다리가 저려서 오래 앉아 있지 못한다. 그러면 아이가 한창 놀이에 몰두해 있는데 부모가 자리를 뜨거나 아이에게 모래 놀이를 그만두도록 유도해서 아이의 몰입을 방해한다.

모래 늘이를 할 때는 부모도 모래밭에 털퍼덕 앉아야 힌다. 옷을 버린다며 아이도 쪼그려 앉아 놀게 하는 부모도 있는데, 아이도 털퍼덕 앉아야 한다. 자세가 편해야 오래 몰입할 수 있고 집중력을 유지할 수 있다.

갯벌이나 시냇가나 분수대에서도 옷을 버릴까봐 걱정하는 부모를 자주 본다. 아이와 놀러 갈 때는 항상 여분의 옷을 준비해야 마음껏 놀게 할 수 있다. 몰입해서 놀다보면 옷을 버리게 마련이다. 놀러갈 때는 비싼 공주옷이나 왕자옷은 입히지 않는 것이 좋다. 옷에 흙물이 배면 잘 지워지지 않는 경우가 많으니 값싸고 편한 옷을 입어야 마음껏 원 없이 놀 수 있다. 부모도 버려도 되는 옷을 입어야 아이와 함께 마음껏 놀 수 있다.

02

흥미를 느껴야 집중할 수 있다

: 그림 맞추기

 흔히 부모들은 어떤 일을 두고 '아이의 장래에 도움이 되는 일인가 아닌가'로 판단하는 반면, 아이는 '재미가 있는가 없는가'로 판단한다. 아이는 재미있는 일에 몰입하지 흥미를 느끼지 못하는 일에는 집중하기 어렵다.

재활용품 쓰레기 중에는 쓸 만한 것들이 많다. 한번은 정가 20만 원이 넘는 유아용 한글 교육 세트를 발견했는데 거의 새것이었다. 기린 그림이 그려져 있고 그 밑에 빈 동그라미와 '린' 자가 있어 빈자리에 '기' 자가 씌인 스티커를 찾아 붙이는 식으로 구성되어 있었다. 그것을 주워다가 당시 다섯 살이던 딸아이에게 주었더니 딸아이는 한 달 넘게 갖고 놀았다. 스티커를 떼어다가 냉장고에도 붙이고 베란다 창문에도 붙이고…. 집 안에는 딸아이가 붙이고 다닌 스티커 천지였다. 그러면서 딸아이는 한글을 익혔다.

제값을 주고 한글 세트를 산 사람은 왜 새것이나 다름없는 것을 버렸을까? 아마 그 부모는 아이가 스티커를 엉뚱한데 붙이며 노는 꼴을 참지 못했을 것이다. 스티커를 보면 아이는 아무 데다 붙이며 장난치고 싶어하지만, 부모는 아이에게 한글 공부를 시키겠다고 정확한 위치에 붙이라고 강요한다. 그러다 보면 아이도 스트레스 받고 부모도 스트레스 받아 차라리 버리기로 했을 것이다.

아이들 머리가 좋아진다는 놀이기구 세트 가운데는 허망한 것들이 많다. 정가 20만 원이 넘는 놀이기구 세트를 샀는데 그것으로 딸아이와 논 것은 몇 번 되지 않는다. 벼룩시장에서 5만 원 주고 중고품을 샀기에 망정이지, 제값 다 주고 샀으면 속이 무척 쓰릴 뻔했다.

그 놀이기구 세트 가운데 그림 짝 맞추기 카드가 있었다. 짝 맞추기는 그림 자리를 기억하는 놀이로 집중력을 발휘해야 하는데 기억력 훈련에도 효과가 있다. 어른 손바닥 반만 한 크기의 카드에 의자, 책상, 자동차, 동물 등이 그려져 있다. 같은 모양의 카드 열 벌, 총 스무 장을 뒤집어놓는다. 두 장을 뒤집어 같은 그림이 나오면 자기 카드가 된다. 시행착오를 겪으면서 그림 자리를 기억해서 맞추는 놀이다.

딸아이와 그 카드로 그림 맞추기를 하려고 몇 번 시도했지만, 딸아이는 전혀 흥미를 느끼지 못했다. 의자나 자동차 같은 흔한 그림은 구미가 당기지 않았던 것이다. 크기와 두께가 딱지치기에 딱 좋아서 딸아이와 그 카드를 딱지치기에 사용했다.

나는 딸아이와 그림 맞추기 놀이를 할 때 화투를 사용한다. 딸아이는 화투의 그림이 예쁘다면서 관심을 보였다. 조금 요상한 그림이 그려져 있는 화투는 아이들의 흥미를 불러일으키기 쉽다.

게다가 화투로 그림 맞추기를 하면 좋은 점이 있다. 화투의 그림은 묘하게 다르다. 어른들에게 화투의 짝을 맞추는 것은 무척 쉬운 일이지만 화투를 처음 접하는 아이들의 눈에는 전혀 다른 그림으로 보일 수 있다.

'비'를 생각해보자. '비광, 10끗, 5끗, 피'가 분위기는 비슷하지만 전혀 다른 그림이 그려져 있다. 다른 패들도 마찬가지다. 화투에서 같은 모양인 것은 피 두 장뿐이다. '광과 10끗' '10끗과 5끗'의 그림은 배경이나 분위기가 비슷할 뿐 그림 자체는 다르다.

모양은 비슷하지만 무늬가 조금씩 다른 화투로 짝 맞추기를 하면, 비슷한 것을 찾아내는 유추력과 비슷한 모양을 같은 카테고리로 묶는 시스템적 사고를 길러준다.

'IQ'니 'EQ'니 하는 말에 현혹되어 수십만 원짜리 세트를 사는 것은 낭비일 수 있다. 아이가 흥미를 느끼지 못하면, 제대로 활용하지도 못하고 재활용품으로 내놓는 아픔을 겪을 수 있다.

03

승부가 걸리면 수학도 재미있다

: 10, 20 만들기

 승부욕이 없는 아이는 아마 없을 것이다. 누구나 겨루는 상황이 되면 이기고 싶어한다. 승부가 걸리면 몰입하기 쉽고, 자신도 모르게 집중력을 발휘하게 된다.

딸아이는 산수를 무척 싫어하더니 초등학교에 들어가서도 한 자릿수 덧셈도 제대로 하지 못했다. '6+7'이 12인지, 13인지, 14인지 헷갈려 했다. 아내는 딸아이의 산수 실력을 높여주려고 산수 문제를 자주 냈는데, 딸아이는 그것을 무척 싫어했다.

나는 오래전부터 벼르던 놀이를 하나 꺼내들었다. 딸아이가 초등학생이 되면 함께 놀려고 준비해두었던 놀이다. 이 놀이를 하면 집중력과 암산 실력이 늘어난다. 초등학생 학원 중에는 속셈학원 등 수학과 관련된 학원이 많다. 놀이를 통해 암산을 가르치면 사교육비도 줄이고, 학원에서 고생하는 것도 줄일 수 있다.

트럼프 카드를 준비한다.

❶ 그림카드(10, J, K, Q)와 조커는 제외한다.

❷ 아이와 아빠가 카드를 다섯 장씩 갖는다.

❸ 남은 카드는 뒤집어서 밑에 내려놓는다.

❹ 카드 석 장의 숫자 합계가 10이나 20이 되는 경우 카드 석 장을 내려
   놓는다.

❺ 내려놓을 카드가 없으면 남은 카드에서 한 장을 가져온다.

❻ 자기 손에 카드가 모두 없어질 때까지 아빠와 아이는 번갈아 친다.

사실 이 놀이는 대표적인 화투 종목인 '도리짓고땡'을 응용한 것
이다. 산수가 약하면 수학 공부가 싫어질 수 있는데 '도리짓고땡'
놀이를 하면 덧셈과 뺄셈의 암산이 빨라진다. 숫자 세 개로 10이나
20을 만들 수 있으면 웬만한 덧셈과 뺄셈 암산은 쉽게 할 수 있다.
어렸을 때 동네 형들에게 '도리짓고땡'을 배울 때 숫자를 변형한
말도 같이 배웠다. 숫자 세 개로 10이나 20을 만드는 조합을 기억하
기 쉽게 만든 말들이다.

돌돌팔(1 1 8), 삐리칠(1 2 7), 물삼육(1 3 6), 빽시오(1 4 5),

삐삐육(2 2 6), 이삼오(2 3 5), 심심사(3 3 4), 삼팍구(3 8 9),

살살이(4 4 2), 새칠구(4 7 9), 오륙구(5 6 9), 오지발(5 7 8),

쭉쭉팔(6 6 8), 칠칠육(7 7 6), 팍팍싸(8 8 4), 구구리(9 9 2)

오지발(5 7 8)이 20이 되는 이유는 여러 가지로 설명할 수 있다.

❶ 단순 무식하게 5+7은 12이고 12+8은 20이라고 설명한다.

❷ 7+5+8로 생각하면서 5를 3과 2로 나누어 설명한다.

    7+(3+2)+8

    =(7+3)+(2+8)

    =10+10

    =20

❸ 7이 10이 되려면 3이 모자라고 8이 10이 되려면 2가 모자란다. 따라
    서 '7+8'이 20이 되려면 5가 더해져야 한다.

트럼프에는 숫자만 써 있는 것이 아니라 무늬의 개수도 그려져 있
다. 개수를 손으로 짚어가며 이런 다양한 방법으로 계산할 수 있다
는 것을 보여주면 아이의 수학적인 논리력도 길러진다.

돌돌팔이나 살살이 같은 말에 거부감이 있는 사람은 '일일팔'이나 '사사이'처럼 숫자 그대로 읽는 말을 사용할 수도 있다. 딸아이는 변형된 말을 좋아했는데, 이는 다른 아이들도 마찬가지일 것이다.

'6 6 8'은 '쭉쭉팔'이라 하는데, 딸아이는 '팥죽을 쭉 들이마시는 모양'이라며 '팥죽쭉(8 6 6)'으로 고쳐 말하자고 했다. 아이에게 숫자 읽기를 변형하는 즐거움을 주면 게임에 더 몰두하게 할 수 있다.

조커를 사용하면 집중력도 더 많이 발휘해야 하는데 조커는 어떤 숫자로도 사용할 수 있다. 조커는 어떤 카드 두 장과 합쳐도 10이나 20을 만들 수 있다. 조커가 들어온 경우 조커를 어떤 숫자로 사용할지 말하도록 게임의 규칙을 정한다. 숫자 계산이 틀리면 반칙패가 되므로 저절로 뺄셈을 익히게 된다. 5와 7을 갖고 있는 경우 조커가 들어오면 8로 사용한다(20에서 5와 7을 빼면 8이다)고 말해야 하니까.

나는 조커가 들어오면 딸아이에게 집중력을 발휘하는 기회를 주기 위해서 일부러 틀리게 계산했다. 5와 8과 조커를 들고 있는데, 조커를 6이라고 하면서 카드를 덮지 않고 계속 보여준다. 딸아이는 지고 싶지 않은 마음에 카드를 뚫어지도록 쳐다본다.

"아빠, 아니잖아. 그러면 20이 아니라 19잖아. 아빠가 졌어."

산수를 싫어하는 딸아이도 이기고 싶은 마음에 숫자 계산을 열심히 한다.

04

순간적인 집중력을 높여라
: 손뼉치기

 집중력에는 순간적인 집중력과 지속적인 집중력이 있다. 순간적인 집중력은, 현재 관심을 가져야 할 대상에 초점을 맞추고 다른 것에는 관심을 완전히 끊는 것으로 '선택적 주의집중력'이라고 한다. 순간적인 집중력은 자신의 정신과 지금 이 순간이 하나가 되는 것이다. 아이에게 순간적인 집중력이 절실한 때는 시험을 치를 때다. 정답이 가물가물한 문제도 고도의 집중력을 발휘하면 답이 떠오르는 경우가 많다.

'손뼉치기' 놀이는 '손바닥 씨름'이라고도 하는데 오락 프로그램에서 연예인들이 많이 하는 게임이다. 두 사람이 한 발 정도 거리를 두고 마주 보고 서서 두 손을 활짝 편 뒤 어깨에서 가슴 사이 높이로 들어 양손으로 상대의 양손을 밀듯이 친다. 발이 조금이라도 움직이거나 바닥에서 떨어지면 지게 된다.

　놀이를 제대로 즐기려면 신장이나 몸무게 등 체격 조건이 어느 정도 맞아야 한다. 한쪽이 월등하게 크거나 몸무게가 많이 나가면 게임이 싱거워진다. 아이는 아빠에 비해 체격 조건이 훨씬 떨어져서 보통의 손뼉치기로는 아이와 놀 수 없다.

　그래서 고안한 것이 아빠는 쪼그려 앉는 것이다. 아빠가 쪼그려 앉으면 아이와 키가 엇비슷하게 되거나 오히려 아이 키가 커진다. 아이는 위에서 아빠를 내려다보며 찍어 내리듯이 힘차게 양손 공격을 할 수 있게 된다.

　이 놀이는 양손이 동시에 부딪칠 때, '누가 먼저 손을 내밀었는지' '누구 힘이 센지' 등의 요소가 복합적으로 작용해 승부가 결정된다. 하지만 아이에게 그런 고도의 기술을 요하는 것은 무리다.

　딸아이와 이 놀이를 시작했을 때 딸아이는 온몸의 반동을 이용해 손을 친다는 개념이 없어 손에서 힘을 뺀 상태로 서 있을 뿐이었다. 반동을 이용하는 것을 알게 된 것은 아홉 살 때였다.

　반동을 이용하지 않은 상태에서 아이의 양손을 타이밍에 맞춰 쳐도 아이는 손만 뒤로 물러날 뿐 몸 전체가 뒤로 넘어가는 일이 없었다. 어차피 아이를 이길 생각으로 게임을 하는 것은 아니므로 별 상관은 없다. 이 놀이 역시 어떻게 져주느냐가 핵심 포인트다. 적당히 손을 부딪쳐주다가 넘어지면 되는데 너무 싱겁게 져주면 재미가 없다. 서로 손바닥을 부딪쳤을 때 아이가 꽤 큰 힘을 주었다고 느껴지면 뒤로 넘어진다. 엉덩방아를 찧기보다는 뒤로 한 바퀴 구르는 것이 아이의 만족도를 높일 수 있다. 쪼그려 앉은 자세로 하기 때문에 뒤로 넘어지면서 구르기가 쉽다. 할리우드 액션을 연기하기에 딱 좋은 놀이다.

아이가 익숙해지면 피하기 기술을 가르친다. 아빠가 양손을 힘껏 내밀 때 아이가 양손을 뒤로 빼는 것이다. 실제 놀이에서도 사용하는 기술인데 공격하다가 헛손질한 사람은 균형을 잃고 앞으로 넘어지게 된다.

아이들은 오버액션을 좋아해서 헛손질했을 때 어깨를 축으로 양손을 빙글빙글 돌리며 앞으로 넘어질 듯 말 듯하다가 넘어지면 깔깔거리며 웃는다.

이 기술은 이기는 방법에는 두 가지가 있다는 것을 알려준다. 자신의 힘으로 이기는 것과 상대의 힘을 역으로 이용하는 것 두 가지다. 상대의 힘을 역이용하려면 상대의 움직임에 집중해야 한다. 공격하려고 손이 나오는 것은 순간이다. 그 순간을 놓치지 않아야 아빠가 제 힘에 겨워 앞으로 넘어지는 재미있는 광경을 볼 수 있는데 순간적인 집중력을 발휘해야 타이밍을 잡을 수 있다.

순간적인 집중력을 발휘해야 하는 놀이는 몇 가지 더 있다. 욕조에서 손으로 물을 튀겨 상대에게 물을 뿌리는 놀이는 가장 즐거운 놀이 중 하나다. 아빠 얼굴에 물 뿌리는 놀이를 해보자. 무방비 상태로 당하면 괴로우므로 두 손으로 얼굴을 가린 뒤 여닫이문을 활짝 열듯이 양손을 벌리면 아이가 아빠 얼굴에 물을 뿌린다. 처음에는 아빠가 손을 벌리면 그제서야 물을 뿌리려고 하기 때문에 타이밍을 잘 맞추지 못한다. 그러다가 조금 익숙해지면 미리 양손을 모아 물에 담고 있다가 아빠의 손이 벌어지는 순간을 포착해서 물을 날린다.

다른 놀이도 있다. 아빠는 작은 이불을 펼쳐 앉고, 아이는 밖에서 손을 들고 대기한다. 아빠가 발이나 손을 이불 밖으로 내밀면 아이가 손으로 내리친다. 항상 맞아주면 재미가 없으므로 서너 번에 한 번 정도만 맞아준다. 그러면 아이가 집중력을 발휘할 수 있다.

아이와 아빠가 역할을 바꿀 수도 있다. 아빠는 일부러 타이밍을 놓치고 헛손질을 한다. 헛손질한 손으로 바닥을 치면서 '아야야' 하고 소리를 지르면 아이가 무척 좋아한다.

아빠의 헛손질은 아이를 즐겁게 한다. 가위바위보로 손등을 때리는 놀이도 아빠의 헛손질이 즐거운 놀이다. 놀이 방법은 간단한데 가위바위보해서 진 사람이 손등이 보이도록 바닥에 한 손을 내려놓고 다른 손으로 다시 가위바위보해서 진 사람이 손을 포개놓는다.

두 번 진 사람은 두 손 모두 바닥에 내려놓는데, 이때 이긴 사람이 손으로 포개놓은 손을 내리친다. 이때 재빨리 피해야 하는데 제대로 피하지 못하면 손등을 맞게 되고 제대로 피하면 내리친 사람이 바닥을 치게 된다.

이 놀이는 아이와 함께 버스를 타고 갈 때 특히 재미있게 할 수 있다. 아이들은 다리가 짧아서 바퀴 때문에 솟아 올라와 있는 의자를 좋아한다. 아이를 바퀴 쪽으로 앉게 한 뒤 아빠가 다리 하나를 솟아 있는 턱에 올려놓고, 넓적다리 부분을 바닥으로 사용한다.

손바닥으로 내리칠 때 손이 모두 피해도 바닥인 아빠의 넓적다리를 때릴 수 있다. 아이로서는 무조건 아빠를 한 대 때릴 수 있는 놀이인 셈이다. 딸아이는 내가 내리칠 때 자기가 제대로 피해 내 손으로 내 넓적다리를 때리는 것을 가장 재미있어 했다.

05

집중하면 정확성이 생긴다
: 땅따먹기

 생태학자들과 환경심리학자들은 사람은 누구나 자연에 끌리게 되어 있다고 말한다. 하지만 어린 시절에 자연 사랑을 배우지 못하면 자연을 두려워하는 병이 생길 수 있다고 한다. 환경주의자인 데이비드 오어는 "자연을 두려워하는 병은 '자연적인' 장소가 불편한 증상부터 자동으로 온도가 조절되지 않는 곳은 멸시하는 증상까지 다양하게 나타난다"라고 했다. 자연을 접하는 것은 보는 것이 아니라 만지고 느끼는 것이다.

한 평 정도의 땅만 있으면 어디에서든지 땅따먹기 놀이를 할 수 있다. 갈수록 땅과 접하기가 어렵고 땅을 만져볼 기회도 많지 않은 아이들에게 땅따먹기 놀이는 땅이 더러운 것이 아니라 우리 생활의 일부이며, 친숙한 것임을 알려준다.

땅따먹기는 평소에 즐겨하는 놀이는 아니지만 펜션 같은 곳에서 숙박할 때 유용하게 이용할 수 있다. 부모 입장에서는 모처럼 야외로 놀러가서 어디에서나 할 수 있는 땅따먹기를 하는 것이 아깝겠지만, 사실 아이들은 펜션 주변의 경관에 별 관심이 없다. 지나간 시절을 생각해보자. "야, 여기 경치 정말 좋다!"라고 감탄하기 시작한 것은 몇 살 때부터였을까. 내 기억으로는 적어도 이십대 중반이 되기 전까지는 그런 생각을 한 적이 없었던 것 같다. 사람들은 맑은 공기를 마시고 싶어 펜션에 간다. 상쾌한 공기를 마시면서 아이와 땅따먹기를 하는 것도 꽤 괜찮다.

땅따먹기 놀이 방법은 다음과 같다.

❶ 땅에 큰 원이나 큰 사각형을 그린다.

❷ 1번에서 만든 원이나 사각형 구석에 자기 손가락의 뼘을 재어 자기 집을 만든다.

❸ 자기 집을 시작으로 돌이나 지우개를 세 번 튀겨서 다시 자기 집으로 돌아온다.

❹ 돌이 지나간 자리의 안쪽이 자기 집이 된다.

❺ 세 번 안에 자기 집으로 들어오지 못하면 상대에게 기회가 넘어간다.

❻ 따먹을 땅이 없을 때까지 계속하고 가장 많이 차지한 사람이 이긴다.

★ 남의 땅으로 들어간 돌이라도 튀겨서 자기 집으로 돌아오면 남의 땅을 차지할 수 있다.

공격 순서를 정할 때 가위바위보로 정하는 것이 원칙이지만, 아빠는 어른이므로 아이에게 선공을 양보하는 것이 좋고 그 이유도 알려주어야 한다. 자신보다 어린 사람과 게임할 때는 어린 사람이 먼저 하게 하는 것이 공정하다고 인식시키기 위해서다.

돌은 엄지나 집게손가락 또는 가운뎃손가락으로 튀긴다. 어린아이가 돌을 튀겨서 자기가 마음먹은 곳으로 보내는 것은 꽤 어려운 일이어서 집중력뿐 아니라 기술도 필요하다. 정확성이 있어야 하고 힘 조절도 잘해야 하는데 집중력은 정확성과, 기술은 힘 조절과 관계가 깊다. 땅따먹기 놀이는 집중력을 키우기 위한 것이므로, 기술적인 부분은 생략해도 좋다. 세 번째로 튀길 때 자기 집으로 정확히 들어가 안착해야 하지만, 통과해도 공격이 성공한 것으로 인정해주면 정확성에만 관심을 기울이며 집중할 수 있다.

오래 집중해야 창의성이 길러진다

: 비석치기

 지속적인 집중력은 필요한 시간만큼 주의집중을 유지하는 능력이다. 체력과 비교하면 순간적인 집중력은 순발력이고, 지속적인 집중력은 지구력이라고 할 수 있다. 창조적인 사람은 자신이 지니고 있는 에너지가 다 소모될 때까지 작업에 전념하는 지구력을 보인다. 아무리 호기심과 집중력이 강력하더라도 지속되는 시간이 짧다면 창조력을 발휘할 수 없다. 불처럼 활활 타올랐다가 순식간에 재가 되어 사라지는 열정은 아무 소용이 없다. 창조성을 발휘하려면 꾸준한 집중력이 필요하다.

전래 놀이는 대부분 아이들이 여럿 모여야 할 수 있는 놀이가 많은데 비석치기는 아빠와 둘이서 할 수 있는 몇 안 되는 놀이 가운데 하나다. 비석치기의 장점은 승부가 결정될 때까지 시간이 꽤 오래 걸린다는 것이다. 비석치기는 열다섯 단계 이상을 통과해야 하는데, 난이도가 꽤 높은 편이어서 각 단계를 하나씩 성공해 나가려면 정신을 집중해야 한다. 게다가 30분에서 한 시간 정도는 해야 승부가 나기 때문에 지속적으로 집중력을 발휘해야 한다.

비석치기를 하려면 어른 손바닥 절반 크기의 넓적한 돌이 필요하다. 비석치기에 사용하는 돌은 '말' 또는 '망'이라고 한다. 이런 돌은 도시에서 구하기 힘들기 때문에 바닷가에 놀러갔을 때 적당한 돌을 주워오는 것이 좋다.

먼저 술래의 돌을 비석처럼 땅에 세운다. 돌을 세우고 흙을 쓸어

비석치기
모든 과정을 통과하려면
오랫동안 집중력을 발휘해야 한다.

보아 수위를 감싸면 잘 세워진다. 비석으로 세워진 돌에서 3미터 정도 앞에 선을 긋고 공격자가 공격한다. 공격자는 출발선에서 돌을 던지거나 신체 일부분으로 옮겨서 쓰러뜨리는데 실패하면 술래와 공격이 바뀐다.

공격은 여러 단계를 거치는데 한 단계를 성공하면 다음 단계로 진행되며 모든 단계를 먼저 성공한 사람이 이긴다. 공격 단계는 지방마다 조금씩 다르지만 대체로 다음과 같은 단계를 밟는다. 각각의 공격에는 별명이 있는데, 추억 속에서 이런 별명이 아련히 떠오르는 분도 있을 것이다.

❶ 서서치기 : 선 채로 그냥 던져서 쓰러뜨린다. 조준을 잘 해서 던져야 한다.

❷ 한발뛰어치기 : 말을 앞에 던진 뒤 한 발 뛰어서 밟고, 말을 잡아 던진다. 말까지 한 번에 못 뛰면 죽게 되므로 너무 멀리 던지면 안 된다.

❸ 두발뛰어치기 : 말을 앞에 던진 뒤 두 발 뛰어서 밟고, 말을 잡아 던진다.

❹ 세발뛰어치기 : 말을 앞에 던진 뒤 세 발 뛰어서 밟고, 말을 잡아 던진다.

❺ 도둑발 : 말을 발등 위에 올려놓고 살금살금 비석 가까이 가서 말을

쓰러뜨린다. 오른발을 먼저 한 다음은 왼발을 한다.

❻ 토끼뜀 : 말을 발목 사이에 끼워놓고 뛰어가 비석 앞에서 말을 날려서 쓰러뜨린다.

❼ 오줌싸개 : 말을 무릎 사이에 끼우고 걸어가서 쓰러뜨린다.

❽ 똥꼬 : 말을 가랑이 사이에 끼우고 걸어가서 쓰러뜨린다.

❾ 배사장 : 말을 배 위에 올려놓고 걸어가서 쓰러뜨린다. 배를 쑥 내밀면 잘 된다.

❿ 손등 : 팔을 쭉 펴고 손등 위에 말을 올려놓고 걸어가 말을 떨어뜨려 쓰러뜨린다. 오른손을 먼저 한 다음에 왼손을 한다.

⓫ 신문팔이 : 말을 겨드랑이에 끼고 가서 쓰러뜨린다. 오른쪽을 먼저 하고 왼쪽을 한다.

⓬ 훈장 : 어깨 위에 말을 올려놓고 가서 쓰러뜨린다. 오른쪽을 먼저 하고 왼쪽을 한다.

⓭ 턱치기 : 턱과 목 사이에 말을 끼고 걸어가 쓰러뜨린다.

⓮ 떡장수 : 머리 위에 말을 올려놓고 가서 쓰러뜨린다.

⓯ 장님 : 말을 던져놓고 눈을 감은 상태에서 걸어가 말을 찾은 뒤 던져 쓰러뜨린다.

⓰ 눈감고 치기 : 출발선에서 눈을 감고 말을 던져 비석을 친다.

이 모든 과정을 통과하려면 오랫동안 집중력을 발휘해야 한다. 놀이가 워낙 재미있어서 몰입하고 집중하기가 쉽다. 비석치기는 거리 감각과 정확성을 길러주며 신체의 각 부위를 활용하므로 전신운동이 된다. 발등이나 손등에 말을 얹고 살금살금 가야 하는 단계도 있어서 조심스러움도 키울 수 있다.

게임이 끝나면 말로 사용한 돌은 잔디밭이나 놀이터 구석에 숨겨놓는다. 딸아이는 집에 가져가려고 했지만, 비석치기 돌은 원래 밖에 숨겨놓는 것이라고 얘기해주었다. 이유는 별로 없지만 예전에 했던 대로 하고 싶었다.

"이렇게 숨겨놓은 자기 돌을 '마방' 이라고 해."

"마방? 무슨 뜻이야?"

"내 돌이라는 뜻이야."

내가 살던 동네만 그랬는지 모르지만, 자신의 '말' 이나 '망' 을 '마방' 이라고 했다. 딸아이는 '마방' 이라는 말을 아는, 세상에 몇 안 되는 초등학생일 것이다.

07

순발력도 집중력으로부터 나온다
: 실내 치기 놀이

 치기 놀이는 아주 단순해서 뛰어다니면서 손으로 치는 것이 전부다. 먼저 술래를 정한 뒤 술래는 술래가 아닌 사람을 쫓아다니며 손으로 친다. 술래의 손에 닿은 사람은 새로운 술래가 된다. 공터나 공원 잔디밭에서 하기에 더없이 좋은 놀이인데, 계속 뛰어다녀야 하므로 아이에게도 아빠에게도 엄청난 운동이 된다.

치기 놀이의 핵심은 달리다가 갑자기 방향을 트는 것이다. 단순히 앞만 보고 달리는 것이 아니라 몸을 틀어 방향을 바꾸면서 술래의 손을 피한다. 그러다 보면 아이의 순발력이 키워진다.

치기 놀이는 집 안에서도 할 수 있다. 우선 거실 가운데에 장애물을 놓아둔다. 장애물이 있으면 거실 같은 좁은 공간에서도 치기 놀이를 할 수 있다. 아이들 소꿉놀이에 쓰는 탁자나 앉은뱅이책상, 큰 상자, 장난감 미끄럼틀 등 조금 큰 물건이면 어떤 것도 장애물이 될 수 있다.

규칙은 일반적인 치기 놀이처럼 술래가 손바닥으로 치는 것이다. 좁은 실내지만 장애물을 빙글빙글 돌면서 피하면 상대를 치는 것이 그렇게 쉽지는 않다.

아빠가 술래를 할 때 여러 가지 요령을 가르친다. 장애물을 빙빙 돌다가 갑자기 방향을 180도로 바꾸어 반대쪽으로 가기, 장애물 위로 손을 뻗어 반대쪽에 있는 사람 치기, 제자리에 멈추어 섰다가 갑자기 장애물을 돌아가기, 장애물이 앉은뱅이책상이나 장난감 미끄럼틀인 경우는 갑자기 장애물을 넘어가기도 가능하다.

다양한 기술로 상대를 칠 수 있기 때문에 정신을 똑바로 차리고 상대의 움직임을 집중해서 보아야 한다. 순간 마음을 놓거나 방심하면 상대에게 당한다.

아이들을 실내 치기 놀이에 몰입하게 만들려면 아빠가 등을 자주 보여주면 된다. 아이가 술래일 때 적당히 도망가다가 등을 보여주면 아이는 인정사정 보지 않고 아빠의 등을 후려친다. 그러면 '아야야' 하면서 떼굴떼굴 구른다. 실내 치기 놀이를 '아빠 등짝 때리기 놀이'로 만들면 아이는 놀이에 더 몰두하고 집중한다. 평소 아빠에 대한 불만을 마음껏 해소할 수 있기 때문이다. 이때 아이가 너무 세게 때린다고 화내지 마라. "평소 불만이 그렇게 많았구나" 하고 받아들이기 바란다.

거실에서 할 수 있는 또 다른 방식의 치기 놀이는 안전지대를 만드는 것이다. 작은 이불을 거실에 놓아두는데 이불 위는 안전지대여서 이곳에 올라가면 술래가 칠 수 없도록 규칙을 정한다.

안전지대인 이불은 거실 한가운데 두고 술래가 있는 반대쪽으로 나왔다가 술래가 다가오면 재빨리 안전지대로 숨는다. 술래가 안전지대를 뛰어넘으면 쉽게 칠 수 있으므로 뛰어넘기는 금지한다.

안전지대를 늘려 소파도 안전지대로 만들고 이불은 거실 한구석에 놓는다. 그리고 술래를 피해 안전지대에서 안전지대로 이동하는 놀이를 한다. 어렸을 때 동네 공터에서 놀았던 천당짚기나 38선놀이와 비슷한 놀이가 된다.

장시간 몰입하여 놀게 하라
: 눈감고 술래잡기

'눈 가리고 술래잡기'는 전통놀이 가운데 하나다. 정해진 공간에서 술래는 손수건으로 눈을 가리고 숨은 사람을 찾는다. 술래가 두 손으로 찾다가 누군가의 몸에 닿으면 술래를 바꾼다. 여러 사람이 할 때는 손에 닿은 사람이 누구인지 알아맞혀야 한다. 이 놀이는 좁은 공간에서 숨소리도 내지 않고 해야 하는 정적인 놀이다.

이 놀이를 응용하여 아이들이 30분에서 한 시간 정도 몰두하는 놀이를 할 수 있다. 아빠가 술래가 되어 눈을 감고 아이를 찾아다니는데, 아이는 구석에 쪼그리고 앉아 있는 경우가 많으므로 30~40센티미터 정도의 봉을 천천히 휘두르면서 다니면 닿을까 말까 한 스릴을 느낄 수 있어 재미있다.

눈을 감으면 그냥 걸어 다니기도 힘들기 때문에 술래인 아빠는 실눈을 뜨고 다녀야 한다. 아빠가 일부러 엉뚱한 곳을 헤매고 다니면, 숨어 있는 아이가 '아빠' 하고 부르거나 부스럭 소리를 낸다. 아빠가 봉을 휘두르며 아이 쪽으로 다가가면, 아이는 아빠 등 뒤로 돌아가거나 쪼그려 앉아 봉을 피한다.

아이들은 정말 어른들은 생각도 못할 곳을 찾아내 숨는다. 엄마 화장대 위에 올라가기도 하고, 비교적 폭이 넓은 책장 속에 들어가기도 한다. 아이 눈에는 집 안에 숨을 곳이 널려 있다. 아빠의 눈이 보이지 않는다는 전제조건이 있기 때문이다.

이 놀이를 할 때는 봉을 휘두르고 다니면서 "우리 딸 어디 있나?"를 계속해서 외쳐야 한다. 그래야 놀이하는 분위기가 살고 아이가 좋아한다. 놀이 중에 피곤하면 아이의 눈이 닿지 않는 곳에 쉬면서 "우리 딸 어디 있나?"라고 외치기만 해도 된다.

아이에게는 장시간 몰두할 수 있는 놀이가 필요하고 하나의 주제에 오랜 시간 빠져보는 경험이 필요하다. 놀이에 몰두한 아이에게 한 시간 정도는 그리 긴 시간이 아니다. 노는 재미에 빠지면 시간이 눈 깜짝할 새에 지나갔다고 느낀다. 그 시간 내내 아빠가 집중하기 힘든 경우도 있다. 나는 피곤할 때 '눈감고 술래잡기'를 한다. 아빠가 편하게 놀아주면서 아이는 몰두할 수 있는 놀이다.

09

놀이동산은 과잉서비스다

주 5일제가 되고, 놀토가 생기면서 경제적으로 부담을 느끼는 가정이 많다. 아이들과 놀러가는 데 돈이 많이 들기 때문이다. 언제부터 노는 것이 '돈이 들어가는 일'로 바뀌었을까. 차를 몰고 어디든 나가야만, 입장료 내는 곳에 가야만 놀았다고 생각하게 되었을까.

우리 집은 4년 전까지 차가 없었다. 나는 운전면허가 없었고, 아내는 장롱면허 10년차였다. 딸아이 하나였을 때는 굳이 차가 필요하지 않았다. 집이나 집 근처에서 노는 것만으로도 충분히 만족스럽게 놀 수 있었다. 가끔 기분전환 삼아 먼 곳에 놀러갈 때는 배낭에 먹을 것을 넣고 버스 타고 전철 타고 다녔다. 아들아이가 태어난 뒤 버스로 여행하는 것이 힘들어져서 차를 샀다. 차 없이 5년 이상 큰

딸아이와 주말마다 놀았지만 전혀 불편함이 없었다. 아이와 놀기 위해서 꼭 어디를 가야 한다는 생각이 없었기 때문이다.

○○랜드라고 불리는 '놀이동산'에서 하는 일들이 과연 '놀이'에 속할까? 놀이동산에서 아이들은 사실상 아무것도 하지 않는다. 그저 '놀이'라고 불리는 서비스를 받을 뿐이다. '놀이'라는 이름이 붙어 있지만 아이들이 아무것도 하지 않아도 되는 것은 아이에 대한 '과잉서비스'다. 서비스가 지나치면 과보호가 되어 의존성이 강해지고, 경험하는 것이 적어진다. 놀이동산 같은 과잉서비스는 아이를 수동적인 인간으로 만들 위험이 있다.

과잉서비스에 익숙해지면 어른이 되어서도 즐겁게 보내려면 '돈을 써야 한다'라고 생각할 것이다. 아니, 돈을 쓰지 않으면 즐겁게 보내지 않았다고 생각할 수도 있다. 많은 젊은이는 유흥비에 너무 많은 돈을 쓰고, 그 때문에 신용불량자가 되기도 한다. 어렸을 때부터 돈을 주고 '재미'를 사는 것을 당연하게 생각했기 때문이다.

어렸을 때 오징어나 고무줄 놀이를 한 기억을 떠올려보자. 배고픈 것도 잊고 힘든 것도 모르고 놀았다. 그렇게 에너지를 방출하고 나면 피곤하기는 하지만 아주 상쾌한 기분이 들었다. 놀이동산에 다녀와도 피곤하기는 하지만 몸을 움직였기 때문에 피곤한 것은 아니다. 장시간 줄을 서서 기다리다 지친 것에 지나지 않는다.

다양한 경험을 위해 놀이동산에 기는 것도 필요하지만 몇 년에 한 번 가는 것으로 충분하다고 생각한다. 놀이동산에 자주 가는 것은 이미 경험한 놀이기구에 익숙하게 만드는 일에 지나지 않는다. 오랜만에 가야 새로운 놀이기구를 타며 새로운 경험을 할 수 있다.

아이들과 나들이 갈 때 '돈이 들지 않는 곳'에 가야 아이들이 능동적으로 몸을 움직이면서 놀이다운 놀이를 하고 비용도 적게 든다. 한 시간 정도 차로 달려가면 마음껏 물놀이를 할 수 있는 계곡이나 개천을 만날 수 있다. 아이들을 개천에 풀어놓으면 돌을 모아서 둑을 쌓는데 이 단순한 놀이 하나로도 몇 시간은 훌쩍 흘러간다. 그동안 부모는 쉴 수도 있고, 함께 둑을 쌓을 수도 있다. 부모들도 아이들과 함께 몸을 움직이다 보면 상쾌한 기분을 느낄 수 있다. 몸과 마음을 사용하는 능동적인 놀이는 즐거움은 스스로 만들어내는 것이라고 깨닫게 해준다. 돈을 들이지 않고도 충분히 즐길 수 있다는 것을 알게 해준다.

part
3

참을성을
길러주는 법

사람을 끌어안는 포용력을 갖추거나 생각이 다른 사람들을 존중하는 관용을 보이는 것은 참을

성이 있어야 할 수 있는 일이다. 좋아하는 사람을 끌어안는 일은 누구에게나 쉽다. 포용력과 관

용은 싫어하는 사람을 끌어안고 참아내는 힘이다. 참을성이 없다면 할 수 없는 일이다. 좋은 인

성에는 자제력과 자기통제, 인내심 같은 덕목이 필요하고, 자신의 꿈을 이루고 성취하기 위해

서는 끈기와 노력이 필요하다. 이런 것들의 바탕도 바로 참을성이다.

이 사람은 과연 누구일까 생각해보자. 그의 인생은 온통 실패의 연속이었다. 그는 1809년 미국에서 태어나 일곱 살 때인 1816년 가족파산을 겪었다. 22세 때 사업에 실패했고, 23세 때는 주의회의원 선거에서 낙선했다. 24세에 사업에 또다시 실패했고, 다음 해에는 약혼녀가 사망했다. 거듭된 불행으로 27세의 나이에 신경쇠약으로 병원에 입원했다. 34세와 38세 때 하원의원 선거에 나가 두 차례 모두 낙선했다. 45세와 49세 때 상원의원 선거에 나가서도 모두 낙선했다.

이런 이력을 보면 그는 세상에서 가장 불행한 사람으로 보인다. 누구도 이런 삶을 살고 싶지 않을 것이다. 하지만 그는 연속된 실패를 참고 견뎌냈다. 그리고 52세 때 미국 대통령 자리에 올랐다. 그의 이름은 '에이브러햄 링컨'이다.

링컨을 위대하게 만든 것은 '참을성'이라고 생각한다. 그는 대통령 후보가 될 때도, 대통령이 된 뒤로도 참을성을 발휘했다. 당내의 입지가 약하고, 정치 경력도 미천하고, 정치 자금도 없었던 그가 대통령 후보가 된 원동력은 포용력으로부터 나왔다고 한다. 그는 보수주의자에서 극단적 급진주의자까지 모두 아우르며 끌어안았고, 과거의 적과 우정을 맺을 만큼 관대했다.

링컨의 포용력은 대통령이 된 뒤 내각 구성에서도 드러난다. 대개 권력을 쥐면 자기 뜻에 잘 따르는 사람을 주변에 심게 마련이지만 링컨은 그렇게 하지 않았다. 한 자리를 놓고 자신과 치열하게 경쟁했던 라이벌을 자신의 핵심 동료로 삼았다.

사람을 끌어안는 포용력을 갖추거나 생각이 다른 사람들을 존중하는 관용을 보이는 것은 참을성이 있어야 할 수 있는 일이다. 좋아하는 사람을 끌어안는 일은 누구에게나 쉽다. 포용력과 관용은 싫어하는 사람을 끌어안고 참아내는 힘이다. 참을성이 없다면 할 수 없는 일이다.

좋은 인성에는 자제력과 자기통제, 인내심 같은 덕목이 필요하고, 자신의 꿈을 이루고 성취하기 위해서는 끈기와 노력이 필요하다. 이런 것들의 바탕도 바로 참을성이다.

요즘 아이들은 한마디로 '참는다'는 것이 무엇인지도 모르고 살고 있다. 정신없이 돌아가는 컴퓨터 게임, 메신저, 핸드폰 문자 메시지, 시시껄렁한 말장난과 농담으로 가득한 텔레비전 오락 프로그램에 포위되어 살고 있다. 참을성이 없으니, 괴로움을 참고 견디는 인내심이나 한 가지 일에 몰두하는 끈기가 없을 수밖에 없다.

이런 상황에서 아이에게 참을성을 기르라고 하는 것은 아무 소용없는 일이다. 자신감과 마찬가지로 참을성도 갖는 것이 아니라 생기고 쌓이는 것이기 때문이다. 참을성을 기르라고 말하는 것보다 참을성을 키울 수 있는 놀이를 제공하는 것이 훨씬 효과적이다.

01

내 삶의 심판은 바로 나다
: 다이아몬드 게임

 발명왕 에디슨은 전구 하나를 발명하기까지 400번
이 넘는 실패를 경험했다. 그는 "400번의 실험은 결
국 실패가 아니었다. 나는 단지 그렇게 해서는 전구가 만들어질 수
없다는 400가지 사례를 발견한 것뿐이다"라고 말했다.

전기는 만 번째 실험 끝에 성공했다. 연구실을 방문한 지인이 이
렇게 물었다. "혹시 만 번째 실험에서도 실패했다면 어떻게 할 생각
이었는가?" 그러자 에디슨은 단호한 어조로 대답했다. "이런 곳에
서 당신하고 얘기하고 있지 않겠지. 연구실에 틀어박혀 다음 실험을
하고 있을 거야."

다이아몬드 게임, 장기, 바둑, 체스 등은 순전히 실력으로 겨루는
게임이다. 장기와 바둑은 딸아이가 일곱 살 때부터 가끔 둔다. 다이

아몬드 게임은 그보다 자주 한다. 대개 딸아이가 이기는데, 내가 일부러 엉뚱한 데다 두면서 져주는 것이다.

딸아이도 내가 져준다는 것을 알지만 져주는 것에 만족할 아이는 없다. 진짜 실력으로 아빠를 이기고 싶어한다.

딸아이가 물었다.

"아빠! 어떻게 하면 아빠를 진짜로 이길 수 있어?"

"진짜로 이기고 싶다면 먼저 백 번 져봐야 해. 실력을 쌓으려면 먼저 많이 져봐야 하거든. 백 번 질 각오가 되어 있으면 아빠도 진짜 실력으로 상대해줄게."

스모 놀이를 하든 씨름 놀이를 하든 카드 게임을 하든 나는 딸아이에게 일부러 져주었다. 하지만 딸아이는 이제 열 살이라 아빠가 져주는 것인지 진짜로 자기가 이긴 것인지 확실히 안다. 실력으로 하는 게임에서 아빠에게 백 번 져볼 때가 온 것이다.

이기는 것에 익숙한 아이는 한 번 지는 것도 힘들어하는데, 백 번 진다면 엄청난 고통을 느낄 것이다. 딸아이도 선뜻 백 번 지는 일을 하겠다고 말하지 못하고 고민하고 있다. 하지만 아빠를 실력으로 이긴다는 유혹을 뿌리칠 수 없기에 조만간 다이아몬드 게임에서 백 번 지기에 도전할 것 같다.

딸아이가 백 번 지는 동안 나는 이런 얘기를 들려줄 생각이다.

"운동 경기에서는 심판이 게임을 좌우하는 일이 많아. 축구 경기에서 심판이 파울이라고 하면 파울이고, 분명히 골인데 아니라고 하면 아니고, 잘못이 없는데도 레드카드를 내밀면 퇴장해야 해.

하지만 삶이라는 경기에서는 자기 자신이 심판이야. 열 번을 지든, 백 번을 지든 나는 아직 진 것이 아니라고 판정하면 게임을 계속할 수 있어. 다른 사람의 눈을 의식할 필요도 없어. 관중이 '너는 졌다'고 고함을 질러도 내가 포기하지 않으면 아직 진 것이 아니야.

게다가 삶이라는 경기는 항상 마지막 한 판이 가장 중요해. 백 번 지더라도 백한 번째에 이기면 결국 이기는 경기를 한 셈이지. 지는 것은 힘든 일이지만 마지막 승리를 위해 필요한 과정이라고 생각하면 참고 견딜 수 있어. 정말 자신에게 중요한 것을 얻으려면 항상 험난한 과정을 겪어야 해. 정말 중요하고 소중한 일이라면 백 번 지더라도 천 번 지더라도 졌다고 생각하지 마라."

자기 자신을 삶의 심판자로 삼는다면 힘든 일을 참고 견디기 쉽다. 끝까지 물고 늘어져서 결국 큰일을 해내는 사람은 참을성이 많은 사람이다. 그리고 그들은 자기 자신이 자기 삶의 심판자였다.

02

좌절을 딛고 일어서는 법을 가르쳐라
: 윷놀이

 잭 웰치 전 GE 회장은 아일랜드계 노동자의 아들로 태어났지만, 20세기 최고경영자로 평가받는 사람이 되었다. 잭 웰치의 어머니는 아들에게 자신감과 승부 근성을 심어주려고 노력했지만 그에 못지않게 실패와 패배를 받아들이는 마음가짐도 가르쳤다.

고교 시절 아이스하키 선수였던 그는 시합에서 패하자 분을 참지 못해 스틱을 집어던지고 라커룸으로 돌아간 적이 있다. 그것을 본 어머니는 달려가 호통을 쳤다.

"패배를 받아들이지 못하면 멋진 승리도 얻을 수 없어. 이 사실을 깨닫지 못한다면 너는 경기를 더할 자격이 없는 거야."

잭 웰치는 어머니의 따끔한 호통을 들으면서 패배를 받아들이는 법과 그다음 승리를 준비하는 법을 깨달았다고 한다.

놀이를 통해 아이에게 자신감을 심어주려면 져주어야 한다. 아이는 이기는 경우가 많아야 흥미를 느끼고 집중하기 쉽다. 하지만 아이에게 항상 져줄 수는 없는 일이다. 아이에게 져주기만 하는 것은 이런 것을 가르치는 일이 된다. "너는 어떤 좌절도 극복할 능력이 없다. 그래서 내가 어떤 좌절도 경험하지 않도록 해주겠다."

지는 방법을 배우지 못한 아이는 사회에 나가면 쉽게 좌절하고 말기 때문에 때때로 아빠가 이겨줘야 한다. 우리는 누구나 살아가면서 승리보다는 패배를 더 많이 겪는다. 특히 사회 초년병 시절에는 하루 종일 지고 깨지게 마련이다. 실패에 따른 스트레스와 좌절을 딛고 일어서는 방법을 모르면 위기 상황을 타개해나갈 '내성'을 기르지 못한다.

또 져보아야만 졌을 때의 고통을 경험하기 때문에 진 사람의 심정을 이해할 수 있다. 초등학생이 되면 친구끼리도 승부를 겨루는 놀이를 많이 한다. 이기는 경험만 한 아이는 게임에 진 친구를 놀리며 기고만장해 할 것이다. 져본 경험이 있는 아이는 친구를 따뜻하게 위로해줄 것이다. 지는 것을 경험해야 따뜻한 인성을 지닐 수 있다.

어떤 놀이에서 아이를 이겨야 아이가 제대로 지는 법을 배울 수 있을까. 씨름이나 스모처럼 힘을 겨루거나, 바둑처럼 순전히 실력으로 승부가 나는 게임에서 아이를 이기는 것은 바람직하지 않다. 이런 놀이에서 아이를 이기는 것은 아이에게 '너는 아직 어리고 힘없는 존재'라는 생각만 하게 할 뿐이다.

아이가 처음 패배를 경험하는 놀이로는 윷놀이 같은 것이 좋다. 윷놀이는 운과 머리싸움 두 가지 요소를 모두 갖추고 있기 때문이다. 운이 나빠서 졌다고 생각할 수 있어야 졌다는 좌절을 극복하기 쉽다.

딸아이가 일곱 살 때 윷놀이를 해서 딸을 이겨버렸다. 초등학교에 입학하기 전에 지는 법을 배워야 한다고 생각했기 때문이다. 딸아이는 눈물을 펑펑 흘리며 통곡하듯이 울었다. 나는 딸아이 옆에 앉아 어깨만 토닥거려주었다. 빨리 울음을 그치고 윷놀이를 다시 하자는 말이나, 졌다고 울면 윷놀이를 다시 하지 않겠다는 말은 하지 않았다. 다만 울음을 그칠 때까지 조용히 기다렸다.

딸아이가 울음을 그치고 다시 윷놀이를 시작했다. 딸아이는 윷놀이 내내 눈에 눈물이 글썽거렸지만 다음 판에서 자신이 이기자 비로소 웃음을 되찾았다. 딸아이의 기분이 풀렸을 때 이렇게 말해주었다.

"살다 보면 이길 때도 질 때도 있어. 지고 나면 분하고 원통한 생각이 들어 눈물이 날 수도 있지. 그런 분한 마음을 잊지 않았으면 좋겠어. 하지만 계속 울고 있으면 아무것도 달라지지 않아. 울고 있는 사이에 20분이나 지났잖아. 그사이에 윷놀이를 했으면 몇 번은 더 이길 수 있었겠지. 분하더라도 꾹 참고 다음 게임을 해야 해. 즐겁게 놀아야 할 시간에 울다가 20분이나 손해 보았잖아."

그 누구도 실패나 좌절을 피해갈 수는 없다. 하지만 좌절해 있는 시간을 단축할 수는 있다. 아이가 졌다고 분해할 때, 그냥 위로해주며 시간을 보내는 경험을 하게 한다. 그사이 아빠와 놀이하는 시간이 흘러간다. 이런 경험은 아이에게 좌절을 빨리 극복하지 못하면 결국 자기만 손해 본다는 사실을 알려준다.

03

패배한 이유를 돌아보게 하라
: 4목

대학을 졸업한 뒤 모 금융기관에 취직했다. 입사 후 처음 발령받은 곳은 부산 지점이었는데, 남자 직원이 나를 포함해서 여덟 명 있었다. 그 가운데 네 사람은 여섯 시가 되면 '기사 대기실'로 칼퇴근해서 고스톱을 쳤다. 고스톱은 네 사람 이상이 있어야 패가 나빠서 죽는 일도, 광을 파는 일도 가능하다. 네 사람 가운데 한 사람이라도 사정이 있으면 세 사람이 쳐야 한다. 그 네 사람은 후보 선수를 확보하기 위해 내게 함께 고스톱을 치자고 했다. 대학을 졸업할 때까지 고스톱이 무엇인지도 몰랐지만, 과장과 대리들이 함께 하자는데 신입사원이 거절할 도리가 없었다.

수준이 어느 정도 맞아야 게임이 재미있다며 네 사람에게 매일 저녁 스파르타식 훈련을 받았다. 석 달 뒤, 평소 포커나 고스톱을 즐기

딘 대학 동기들이 서울에서 놀러왔다. 그날 술자리 여흥으로 고스톱을 쳤는데, 다들 내 실력에 혀를 내둘렀다. 고수도 보통 고수가 아니라는 말도 들었다. 도대체 내가 어떤 훈련을 받았기에 단시간 내에 고수의 실력을 갖출 수 있었던 걸까.

해답은 바로 복기(復碁)다. 나를 가르친 네 사람은 고스톱 한 판이 끝날 때마다 패를 원상 복귀시켰다. 패를 모두 기억하는 것이다. 복기하면서 끊임없이 나를 질책했다. "여기서는 내 초단을 포기하고, 상대 홍단을 끊어야지." "여기서 싸우면 대형사고 나. 치고 싶어도 참아야 해." "여기서 왜 풍을 치냐? 초자인 사쿠라를 내고 쪽을 노리든지 싸는 걸 유도해야지. 여기서 풍을 치는 게 네 인생에 무슨 도움이 되냐고?"

그들에게 인생까지 거론되는 호된 질책을 당했다. 살다 살다 고스톱 치면서 복기하는 인간들은 처음 보았지만, 결국 그 복기가 고스톱 실력을 비약적으로 향상시켜주었다. 그렇게 배운 복기의 중요성을 딸아이에게 적용해보았다. 물론 나는 스파르타식 교육은 체질적으로 싫어서 부드럽게 가르친다.

딸아이가 여섯 살 때 오목을 응용한 4목 게임을 시작했다. 오목은 바둑돌을 다섯 개 연달아 늘어놓는 것인데 4목은 네 개만 늘어놓아도 이기는 게임이다. 4목은 게임이 쉽게 끝나는데, 수를 제대로 두

4목
복기를 통해 패배를 인정하고
반성하는 법을 가르칠 수 있다.

면 먼저 두는 선이 10수 안에 이긴다. 하지만 여섯 살인 딸아이에게
는 쉽지 않은 일이었다. 엉뚱한 데 두고 아빠의 공격을 막지 않는 등
실수 연발이었다. 내가 이기는 수가 있는데도 일부러 승부를 내지
않고 수를 끌어가며 대개 딸아이가 이길 때까지 두었다. 하지만 딸
아이가 일곱 살이 되었을 때부터는 가끔씩 내가 이겼다.

내가 이기면 딸아이는 울음을 터뜨렸다. 그러나 윷놀이를 하면서
이미 지는 것을 경험했기 때문에 통곡하지는 않았다. 딸아이 울음이
잦아들면 복기를 시작했다. 나는 화투 패를 모두 외울 정도는 못 되
지만, 4목 정도는 외울 수 있다. 하나하나 짚어가며 어떤 상황이었

는지 알려준다. 딸아이가 진 이유는 이기는 수가 있는데 엉뚱한 데 두었거나, 뻔히 보이는 아빠의 공격을 막지 않았거나 둘 가운데 하나다.

복기를 하면서 딸아이에게 패배를 인정하고 반성하는 법을 가르쳐주었다.

"실력을 겨루는 승부에서 졌다면 승부를 되돌아봐야 해. 자신이 이길 기회는 얼마든지 있었어. 그런데도 졌다면 그건 바로 '내 탓'이고 '내 잘못'이야. 실력이 부족했거나, 한눈을 팔았기 때문에 진 것이지. 졌다고 상대를 미워하거나 자기 자신을 못났다고 생각하면 안 된단다. 살다 보면 '지는 일'은 반드시 생겨. 그러면 후회하지 말고 반성해야 해. 진 것을 부족한 실력을 키우는 발판으로 삼으면 되는 거야."

04

0.5초만 참으면 이긴다
: 배드민턴 공 받아치기

높은 자리에 올라갈수록, 명성이 높아질수록 몸조심해야 한다는 말을 많이 듣는다. 어떤 것을 쌓아가는 데는 오랜 시간과 노력이 필요하지만, 무너지는 것은 한순간이기 때문이다. 한순간의 유혹이나 화를 참지 못해서 정상에서 바닥으로 굴러 떨어지는 사례는 넘쳐날 정도로 많다. 라디오 프로그램 MC로 이름을 날렸지만, 청취자의 비난에 화를 참지 못하고 욕설 한마디 했다가 퇴출당하는 사례 같은 것이다.

아들아이와 '카프라'라는 나무 블록으로 쌓기 놀이를 많이 한다. 빌딩처럼 높이 쌓아올리기도 하고, 두 건물 사이를 다리로 잇는 식으로 쌓기도 한다. 쌓아올린 것을 정리할 때 아들아이에게 어느 블록을 하나 빼면 와르르 무너질지 관찰해보고 빼보라고 한다. 대개 맨 밑에 있는 것을 하나나 둘 정도 빼면 외르르 무너진다. 쌓는 것은 어렵지만 무너지는 것은 쉽다는 이미지를 머릿속에 남겨주고 싶었다.

주위에서 '욱' 하는 사람을 많이 볼 수 있다. 작은 일에도 화를 내고, 조금만 일이 지체되어도 참지 못하고 안절부절못하다가 결국 큰 사고를 내고 만다. 침착하다는 것, 차분하다는 것, 사려가 깊다는 것은 1초를 참는 힘이 있는 것이라고 생각한다. 행동하기 전에 1초만 참고 생각해도 잘못된 행동을 줄일 수 있다. 놀이를 통해 행동하기 전에 잠시 참는 훈련을 시켜보자. 아이에게는 1초가 아니라 0.5초를 참는 것도 무척 대견한 일이다.

큰딸아이가 네 살 때부터 배드민턴을 하고 싶다고 노래를 불렀다. 배드민턴을 정식으로 칠 수 있으려면 초등학생 정도는 되어야 한다. 그래서 아이에게 맞는 배드민턴 놀이를 고안했다. 아이는 배드민턴 채를 두 손으로 잡고 라켓 면이 하늘을 향하도록 한 뒤 라켓 끝을 땅에 내려놓고 대기한다. 아빠가 위에서 셔틀콕을 떨어뜨리면 아이가 라켓을 들어 올리면서 치는 놀이다.

셔틀콕이 떨어지는 타이밍에 맞춰 라켓을 들어 올리는 단순한 놀이지만, 어린아이에게는 쉽지 않은 일이다. 라켓을 너무 빨리 들어 올리면 헛손질하게 되고, 너무 늦게 들어 올리면 라켓을 들어 올리기도 전에 셔틀콕이 라켓 면에 닿아버린다.

아빠가 손을 머리 위로 들어 올려서 셔틀콕을 떨어뜨리면 아이는 잠시 참아야 한다. 정확한 시간은 모르겠지만, 내 시간 감각으로는 0.5초 정도 되는 것 같다.

놀이의 장점은 셔틀콕을 하늘 높이 쳐 올릴 수 있다는 것이다. 아마 아이가 할 수 있는 공놀이 가운데 공을 가장 높이 올릴 수 있는 놀이일 것이다. 라켓과 셔틀콕의 탄력이 좋기 때문에 네 살 정도 아이도 3~4미터 정도는 거뜬히 쳐 올린다. 아이들 눈에는 공이 까마득히 높은 곳까지 올라가는 것으로 보일 것이다. 무척 즐겁고 자신감을 주는 놀이지만 이렇게 높이 쳐 올리려면 0.5초를 참아야 한다. 아빠의 손에서 셔틀콕이 떨어질 때 바로 라켓을 올리지 말고 0.5초 기다려야 하므로 침착성을 길러주는 놀이다.

참고 기다리면 좋은 기회가
찾아온다는 사실을 깨닫게 하라

: 비치볼 야구

스즈키 이치로는 일본 야구 역사상 가장 뛰어난 선수일 것이다. 일본에서는 7년 연속 타격왕에 올랐으며, 3년 연속 리그 MVP를 차지했다. 2001년 미국 메이저리그에 진출한 이치로는 84년 동안이나 깨지지 않았던 한 시즌 최다 안타 기록을 깨며, 아메리칸리그 타격왕을 차지했고, 신인왕과 MVP를 동시에 거머쥐었다.

2006년 세계야구선수권 대회에서 한국팀에 대해 몇 차례 망언한 것 때문에 우리나라에서는 욕을 많이 먹는 선수지만, 야구 실력은 세계 정상이라고 평가할 수 있다.

이치로에게 '위대한 재능'을 준 곳은 나고야 공항 근처에 있는 배팅 센터였다. 이치로는 초등학교 3학년부터 중학교 3학년까지 7년 동안 매일 그곳에서 배팅연습을 했다. 한 번 갈 때마다 200개 정도의 공을 쳤는데, 한 달에 40~50만 원 정도로 적지 않은 돈이 들었다.

배팅 센터에서는 누구나 돈이 아까워서 기계에서 나오는 공을 전부 치려고 한다. 이치로의 아버지는 "볼은 절대로 치지 마라! 모두 볼이어도 상관없다. 휘두르지 마라!"라고 아들에게 지시했다고 한다. 볼을 치면 타격 폼이 무너지고, 선구안도 길러지지 않기 때문이다.

나는 야구를 무척 좋아하는데 그 가운데 특히 투수 포지션을 좋아한다. 이 나이에 '내가 공을 던질 테니까 네가 타자를 하면서 놀자'고 하면 친구들이 모두 도망가버릴 것이다. 큰딸아이가 일곱 살이 되었을 때 배팅을 가르쳐 야구 놀이를 하고 싶어 동네 문방구에서 야구 놀이 세트를 샀다. 플라스틱으로 만든 배트와 속이 텅 빈 공 세 개가 들어 있었다.

딸아이와 공원 공터에서 야구 놀이를 했다. 무척 즐거울 것이라고 생각했는데 크나큰 오산이었다. 딸아이는 배트로 공을 전혀 맞추지 못했다. 공을 던져주는 내 컨트롤도 조금 문제가 있었지만, 야구는 원래 배트로 공을 맞추기가 힘든 경기다.

딸아이는 공이 잘 맞지 않는다며 야구 놀이를 하지 않으려고 했다. 그래서 생각한 것이 비치볼 야구였다. 사람 머리만 하거나 그보다 큰 비치볼을 공으로 사용하면 배트로 맞추기가 훨씬 쉽다.

비치볼은 커브나 포크볼을 던질 수 있어서 나름대로 묘미가 있다. 비치볼은 공기 저항을 많이 받기 때문에 직구를 세게 던져도 0.5초 뒤에는 속도가 뚝 떨어지면서 예리한 각도로 땅으로 떨어지니 포크볼이 따로 없다. 바람 넣는 구멍을 뽑아내서 손가락 사이에 끼우고 던지면 회전을 주기 쉽다. 회전을 주면서 던지면 옆으로 휘면서 떨어진다. 밑에서 위로 던져주면 정점에서 한순간 정지한 것처럼 허공에 멈추었다가 급하게 떨어진다. 바람이 불 때는 희한하게 휘어 나가는 일도 많다. 진짜 야구공으로 이렇게 던질 수 있다면 국보급 마구 투수가 탄생하는 셈이다.

비치볼 야구
기다림을 훈련할 수 있다.

비치볼을 사용한 뒤 딸아이는 야구 놀이를 좋아하게 되었다. 요리조리 휘거나 급하게 떨어지며 날아오는 비치볼을 쳐내는 것에 재미를 붙인 것이다.

비치볼 야구는 '기다림'을 훈련하는 놀이라고 생각한다. 축구나 농구는 패스가 아무리 나빠도 받아내야 하지만 야구는 그것들과 달라서 나쁜 공에 손이 나가면 안 된다. 배팅을 잘하려면 자기중심을 잡고 나쁜 공은 흘려보내고 좋은 공을 기다려야 한다.

나는 딸아이에게 휘두르지 않고 참는 훈련을 시키기 위해서 일부러 치기 어려운 볼을 자주 던진다. 살다 보면 무엇인가 하고 싶어서 몸이 근질근질해도 참고 기다려야 하는 상황이 있다. 그래야 나쁜 기회는 흘려보내고 좋은 기회를 잡을 수 있다.

06

불편한 상황을 참고 견뎌야 한다
: 실내 숨바꼭질

숨바꼭질은 밖에서 하는 놀이지만 어린아이가 밖에서 숨바꼭질하기에는 사정이 여의치 않다. 초등학생 정도 되면 동네 친구들과 어울려 숨바꼭질을 할 수 있지만 어린아이가 아빠와 단둘이 밖에서 숨바꼭질하는 것은 위험할 수 있다. 아이가 엉뚱한 데 숨었다가 미아가 되는 경우가 발생하기 때문이다.

안전을 위해서 아이가 숨을 때 몰래 훔쳐보아야 하지만, 아이에게 들키는 날에는 울고불고 난리가 난다. 그래서 아이가 충분히 클 때까지는 집에서 숨바꼭질하는 것이 안전하다.

집에서 숨바꼭질하려면 집이 얼마나 넓어야 할까? 사실 넓이는 관계없다. 아무리 좁은 집에서도 아이가 숨을 곳은 수없이 많다. 아빠가 일부러 못 찾으면 된다.

어린아이들은 자신이 안 보이면 남들도 자신을 못 보는 줄 알기 때문에 이불을 뒤집어쓰고 숨는 일이 많다. 어디에 숨었는지 뻔히 보이지만 아빠는 찾지 못해야 한다. 아무 소리도 들리지 않으면 아빠가 자신을 찾고 있는지, 술래를 빙자해 쉬고 있는지 아이가 의심한다. 이불 주위를 맴돌거나 방 안을 나갔다 들어갔다 하면서 "우리 ○○ 어디에 있나?" 하며 찾는 척해야 한다. "장롱 속에 숨었나? 아니네" "화장실에 숨었나? 아니네"라고 말하면서 실제로 장롱 문이나 화장실 문을 열고 닫는 소리를 내면 효과 만점이다.

아이가 장롱 안에 숨는 일도 많다. 장롱에 문이 세 짝 있는데, 아이가 가운데 장롱에 숨어 있다면, 양쪽만 열어보고 가운데 장롱은 건너뛴다. 그러면서 계속 "여기 있나? 아니네"를 연발한다. 아이는 아빠가 자기 근처로 오고 있다는 스릴과 결과적으로는 아빠가 자신을 찾지 못했다는 즐거움을 모두 만끽한다.

이불을 뒤집어쓰고 숨어 있는 딸아이가 도대체 얼마나 버티는지 시험해본 적이 있다. 꽤 더운 날이었는데도 10분이 넘도록 이불 속에서 꼼짝도 하지 않고 있었다. 집에서 숨바꼭질 같은 놀이를 즐기려면 아이가 참을성을 발휘해야 한다. 이불이나 장롱 안에서 꼼짝 않고 숨어 있으려면 불편한 상황을 참고 견뎌야 한다. 즐거운 놀이니까 어린아이도 이런 일을 할 수 있는 것이다. 딸아이는 여러 면에서 잠을성이 강한네 아마 이런 놀이를 통해서 잠을성이 축적되었을 것이다.

아빠가 숨을 때 이불을 뒤집어쓰고 숨으면 재미있는 일이 벌어진다. 아이는 자신이 이불 속에 숨으면 아빠가 못 본다고 생각하지만, 아빠가 이불 속에 숨은 것을 발견하는 일은 전혀 이상하게 생각하지 않는다. 아이의 인지발달 단계상 다른 사람의 시각에서 사물을 생각하는 능력이 아직 발달하지 않았기 때문이다.

아빠가 이불을 뒤집어쓰고 숨으면 쉽게 찾을 수 있는데 너무 쉽게 찾는다고 해서 아이가 싱거워하지는 않는다. 아빠가 숨어 있는 이불 위로 아이가 몸을 날려 덮칠 때 아빠가 비명을 지르며 놀라는 척하면 아이는 더욱 좋아한다. 그러면 숨바꼭질이 아니라 아빠 덮치기 놀이가 된다.

07

결정적인 순간이 올 때까지
기다리게 하라

: 아이용 원카드

 승부에서 이기려면 먼저 전략을 잘 세워야 한다. 전
략을 실행해가면서 상황 변화에 맞추어 적절하게 선
택해야 한다. 이것이 '이기는 방법'의 본질이다. 이런 것을 익히는
데 가장 효과적인 놀이는 카드 게임이다. 패를 받으면 전략을 세우
고 상대방이 내는 패에 따라 자신이 선택할 패를 정하면서 게임을
운영해나가는 방법을 익힐 수 있다.

하지만 대부분의 카드 게임은 규칙이 복잡해서 초등학교 고학년
은 되어야 게임을 제대로 즐길 수 있다. 따라서 열 살 미만의 아이와
놀기에는 무리가 있으므로 아이들 눈높이에 맞게 게임을 변형해야
한다. '원카드'라는 카드 게임이 있다. 무척 간단해 보이지만 실은
규칙이 무척 복잡하다.

'먼저 카드를 5장이나 7장씩 돌리고 남은 카드 가운데 맨 위에 있는 카드를 펴는데 조커가 나오면 돌린 사람이 5장 가져가고, 그다음 사람이….' 아이에게 이해시키기는커녕 아빠도 머리가 아플 정도다.

원카드의 핵심 내용만 모아 아이도 할 수 있는 쉬운 게임을 만들었다. 딸아이가 일곱 살 때 이 게임을 시작했는데, 무리 없이 게임을 소화하고 즐겼다.

❶ 카드를 다섯 장씩 갖는다.

❷ 나머지 카드를 엎어서 내려놓고 한 장을 뒤집는다.

❸ 아이가 먼저 공격한다(먼저 하는 것이 꼭 유리한 것은 아니지만 아이는 대개 먼저 하기를 원한다).

❹ 자기 카드 가운데 밑에 깔린 카드와 숫자나 모양이 같은 카드를 내려놓는다.

❺ 내려놓을 카드가 없으면 남은 카드 가운데 한 장을 가져온다.

❻ 아빠는 아이가 내려놓은 카드와 숫자나 모양이 같은 카드를 내려놓는다.

❼ 자기 손의 카드를 모두 내려놓을 때까지 4~6번 반복한다.

❽ 마지막 한 장이 남았을 때는 '원카드'라고 말해야 한다.

❾ 조커는 어떤 무늬로도 사용할 수 있다. 조커를 내려놓으면서 클로버라고 선언했다면, 다음 사람은 클로버를 내야 한다.

이 게임은 운이 무척 중요해서 조커가 들어오면 거의 이긴다. 조커는 아무 무늬나 될 수 있는 강력한 카드다. 하지만 조커를 사용하는 타이밍이 문제다. 카드가 두 장 남았을 때 조커를 사용해야 강력한 효과를 발휘한다. 상대도 조커를 들고 있지 않는 한 무조건 이긴다.

승부에 약한 사람은 승부를 서두른다. 승패를 예측할 수 없는 상황은 대단한 스트레스가 되기 때문에 그 스트레스에서 벗어나고 싶다는 생각에 승부를 서두르고 이기든 지든 빨리 끝내고 싶어한다. 승패를 운에 맡겨버리는 경우도 많다.

'모 아니면 도' 식의 과감한 행동이 용기와 배짱으로 보이기도 한다. 하지만 승부 상황에서 무턱대고 용기를 내는 것은 겁쟁이가 하는 일이다. 진정한 용기는 이길 수 있는 결정적인 순간이 올 때까지 상황을 견디고 참는 것이다.

아이들은 조커를 손에 쥐면 빨리 사용하고 싶어한다. 특히 자기 손에 쥐고 있는 카드가 많으면 한 장이라도 빨리 줄이고 싶어서 안달한다. 하지만 패를 한두 장 줄이는 것은 승부에 결정적인 영향을 미치지 않는다. 조커를 사용해야 할 순간까지 기다려야 이길 수 있다.

승부에 강해지려면 결정적인 때가 올 때까지 참고 기다릴 줄 알아야 한다. 아이용 원카드는 결정적인 순간이 올 때까지 참는 것을 익히게 하는 놀이다.

08

생각하고 관찰하면 해답이 보인다
: '어느 손에 있나?' 놀이

욕조에서 아이와 함께 목욕할 때, 때수건으로 '어느 손에 있나' 맞추기 놀이를 해보자. 때수건을 물에 적셔 꽁꽁 뭉치면 밤톨 정도의 크기가 되는데, 이것을 풀어지지 않도록 묶거나 돌돌 말아 작은 공 모양으로 만든 다음 공놀이하듯이 살짝 던지며 양손으로 번갈아 잡는다. 그러다 어느 순간 주먹을 쥐며 손을 뒤집는다.

"어느 손에 있나?"

이러면 아이는 금세 맞춘다. 여기까지는 놀이의 규칙을 가르쳐주기 위한 예행연습이다. 그다음 단계에서는 양손을 뒤로 돌려서 어느 손으로 잡는지 못 보게 하면 맞출 확률이 반반이다.

아이는 자신이 맞추지 못할 수도 있다는 사실을 깨닫지만 지기는 싫기 때문에 한 번 틀리고 나면 나름대로 머리를 굴려 추리하기 시작한다. 아빠 손을 자신의 손 위에 올려놓고 무게를 재본 뒤 무겁게 느껴지는 쪽을 선택한다. 그런 작은 무게 차이를 구별해내는 것은 거의 불가능하기 때문에 틀리는 경우가 있다. 그럴 때 조언을 해준다.

"수건을 쥔 손과 아무것도 안 쥔 손 가운데 어느 쪽이 클까?"

때수건을 사용하는 것은 이 때문이다. 밤톨 정도 크기는 되어야 쥐었을 때 주먹 크기에 차이가 난다. 아이는 두 주먹의 크기를 비교해 큰 쪽을 선택해서 대부분 알아맞힌다.

그다음 단계에서는 아무것도 쥐지 않은 쪽의 손도 성기게 주먹을 쥐어 크기를 엇비슷하게 만든다. 힌트를 주어도 좋고 아이가 해답을 찾을 때까지 기다려도 좋다. 성기게 잡은 주먹의 틈새를 잘 보면 안에 아무것도 없다는 것을 알 수 있다. 이렇게 하다보면 어떤 문제이든 생각하고 관찰하면 해답이 보인다는 것을 알려줄 수 있다.

욕조에서 로켓 발사 놀이도 할 수 있다. 한쪽이 막혀 있는 작은 플라스틱 통을 준비하는데 작고 긴 것이 놀이하기에 유용하다.

아이에게 마술을 보여주겠다고 하면서 플라스틱 통을 거꾸로 잡고 물속으로 가져간다. "수리수리 마수리, 솟아올라라 얍!" 하고 외치면서 통을 놓으면 통은 맹렬한 기세로 물 위로 튀어 오른다. 그러면 아이들은 무척 신기해한다.

몇 번 마술을 보여준 뒤 그 이유를 설명해준다.

"공기는 물보다 가벼워. 그래서 물속에 있으면 물 밖으로 나가려고 해. 그런데 통이 가로막고 있으니까 통을 밀치면서 올라가는 거야."

그다음에는 통에 물을 절반 정도 담아서 물에 담근다. 손을 놓으면 통은 물 밖으로 올라오지만 처음처럼 기세가 등등하지 않다. 또 다른 마술을 보여주겠다고 하면서 이번에는 통에 물을 거의 가득 채운다. 물속에서 손을 놓으면서 "천천히 올라와라 얍!" 하고 주문을 외운다. 물이 거의 가득 들어 있는 통은 천천히 떠올라온다.

아이에게 통 속에 있는 공기 양에 따라 통이 빨리 올라오기도 하고 천천히 올라오기도 한다고 알려준다.

"통 속에 공기 친구가 많으면 통을 미는 친구들이 많으니까 빨리 올라오고, 공기 친구가 적으면 낑낑대면서 올라오는 거야."

그다음에는 여러 가지 통으로 실험해본다. 몸통이 뚱뚱한 통은 천천히 올라오고 날렵한 통은 빨리 올라올 것이다. 아이에게 여러 가지 통으로 실험하게 하고 이유를 생각해보라고 한다. 몇 번 실험하면서 잘 관찰하고 생각하면 해답 비슷한 것을 떠올릴 것이다.

아이 눈높이에 맞추어 이렇게 설명해줄 수도 있다.

"물은 공기가 올라가지 못하도록 방해하고 있어. '못 가 놀이'를 하는 거야. 통이 넓으면 '못 가' 하기 쉽겠지."

만족지연으로 인내심을 키워라

: 우유팩 집

 베스트셀러였던 《마시멜로 이야기》는 '만족지연' 이
라는 개념을 우화 형식으로 옮긴 책이다. 그 원천은
미셸 박사의 실험이었다. 미셸 박사는 5세 어린이들을 대상으로 실
험을 했다. 실험하기 전에 어린이를 다섯 시간 굶긴 다음 식탁으로
데리고 와서 아이들 앞에 마시멜로 과자를 하나씩 놓고 선택권을 주
었다.

"지금 과자를 먹어도 좋다. 그러나 안 먹고 15분만 더 기다리면
과자를 하나 더 준다."

그리고 밖에서 몰래 아이들의 반응을 살폈다. 어떤 아이들은 날름
과자를 먹었다. 또 어떤 아이들은 참고 기다렸다. 참고 기다리는 아
이는 일부러 눈앞의 과자를 쳐다보지 않으려 딴 곳을 보기도 하고,

유혹을 참느라 자기 머리를 쥐어뜯기도 했다.

실험에 임한 아이들은 그 뒤 성장해서 어른이 되었다. 그런데 과자를 즉석에서 먹어치운 아이와 참고 기다린 아이는 놀랄 만큼 성취도가 달랐다. 기다린 아이들이 학교 공부도 잘했고 사회 적응성도 높았으며 더 부자가 되었다고 한다.

'만족지연'은 '더 크고 장기적인 목표를 달성하기 위해 순간의 충동적인 욕구나 행동을 자제하며 즐거움과 만족을 지연시키는 능력'을 말한다. 한마디로 정의하면 '만족감을 뒤로 미루는 것'이다. 즐거운 일을 먼저 하는 것은 인간의 본성인데 즐거움을 뒤로 미루려면 참을성과 자기 절제 능력 같은 것이 필요하다.

다섯 살인 아들아이는 장난감 자동차를 볼 때마다 사달라고 한다. 그럴 때마다 나는 집에 가서 저금통을 만들자고 한다. 투명한 페트병에 동전 넣는 구멍을 내면 저금통이 완성된다. 우리 집에는 10원짜리 동전으로 5천 원 정도를 비축해두고 있다. 아들아이에게 매일 스무 개, 즉 200원을 주면서 저금통에 넣으라고 한다. 저금통이 다 차면 장난감 자동차를 사러 가자고 한다. 전혀 숫자를 계산할 줄 모르기 때문에 하루 200원씩 모으면 며칠이 걸려야 원하는 장난감을 살 수 있는지 모른다. 다만 저금통이 꽉 차야 물건을 살 수 있다는 것은 이런 훈련을 통해 습득한다.

어떤 아이들은 자신이 원하는 것을 너무 쉽게 얻는다. 아이가 사 달라고 하면 부모가 바로 사주는 아이들이다. 이런 아이들은 무엇을 얻기 위해 참고 기다려야 한다는 것을 알지 못한다. 아이가 어릴 때 부터 자신이 원하는 물건이나 결과가 빨리 나오지 않는 것을 체험하 게 하면서 기다리는 훈련을 할 필요가 있다.

이사할 때마다 필요 없는 물건을 버리는데 이제까지 버렸던 물건 가운데 가장 아까웠던 것은 우유팩으로 만든 집이다. 1리터짜리 우 유팩의 입구는 삼각형 모양인데 접어서 누르면 직육면체가 된다. 이 것을 블록 삼아 집을 만든다. 우유가 상하면 냄새가 많이 나기 때문 에 다 마신 우유팩을 물로 잘 씻어낸 다음 말려서 사용한다.

이것은 놀이라기보다는 '기다리는 즐거움'이라고 할 수 있다. 아 이가 들어가서 충분히 놀 수 있을 정도로 큰 집을 만들려면 우유팩 이 많이 필요하다. 하루에 한 통씩 1년 정도는 쌓아야 집 모양이 완 성된다.

이 놀이는 우유를 싫어하는 딸아이가 우유를 즐겁게 마시게 하려 고 시작했다. 하루하루 우유팩 블록이 쌓여가는 재미를 느끼려면 분 발해서 우유를 많이 마셔야 한다. 우유팩 집을 만드는 기간에는 장 을 볼 때 딸아이에게 우유 고르는 일을 맡겼다. 1리터 우유팩은 크 기는 같지만 색깔이 다르다. 딸아이는 나름대로 벽의 색깔이나 조화를 생각해서 필요하다고 생각하는 색깔의 우유팩을 골랐다.

우리 집에서 만든 우유팩 집은 처음부터 설계를 너무 크게 한 탓인지 이틀에 우유를 세 통 마셨는데도 완성하는 데 1년 가까이 걸렸다. 마침 그때 이사를 하게 되었는데 이삿짐을 줄이기 위해 할 수 없이 버릴 수밖에 없었다.

하지만 만드는 과정만으로도 충분히 만족할 만한 놀이다. 우유팩 집이 완성되기 전에도 딸아이는 그 안에서 마음껏 놀았다. 아이들은 상상력이 뛰어나서 우유팩 블록이 덜 쌓여 집 모양이 나오지 않아도 나머지 부분은 상상의 블록으로 메운다. 상상으로 완성된 집에서 노는 것이다.

part
4

전략놀이로 가르치는
'이기는 법칙'

모든 게임이나 승부는 이기는 방법이 다르고 승부의 맥도 다르다. 하지만 승부의 맥에는 공통

점이 여러 가지 있다. 그래서 승부에 강한 사람은 익숙하지 않은 게임에도 쉽게 적응하고 승리

를 이끌어낸다. 이런 공통적인 부분이 '이기는 법칙' 이다. '이기는 법칙' 을 많이 알면 삶이라

는 게임을 이겨나갈 수 있다.

승부에 강한 사람은 이기는 방법을 많이 알고 있다. 아이들과 다양한 놀이를 즐기는 것은 그것이 재미있기 때문이기도 하지만 놀이마다 이기는 방법이 다르다는 것을 알려주기 위해서다. 모든 승부에는 무엇을 해야 이길 수 있는지, 무엇을 잘해야 유리한지 중요한 포인트가 있다. 이것이 바로 승부의 맥이다. 이기는 방법은 바로 승부의 맥을 잘 짚어내는 것이다.

시험은 '얼마나 오랜 시간을 책상에 앉아 있었는가'로 당락이 결정되지 않는다. '특정한 날에 특정한 시험에서 합격에 필요한 점수를 얻었는가'로 당락이 결정된다. 시험에 성공하려면 막연히 열심히 공부하는 것이 아니라 효율적이며 효과적으로 공부해야 한다. 시험에도 승부의 맥이 있기 때문이다.

나는 시험에 떨어지거나 실패한 적이 한 번도 없다. 그만큼 공부를 잘했다기보다는 시험에 무척 강했기 때문이다. 내 시험 역사상 가장 극적인 승부는 일본 유학시절의 박사과정 입학시험이었다. 박사과정 시험과목은 전공과 영어 두 과목이었다. 그중 영어시험이 당락을 크게 좌우했다.

박사과정 시험을 준비하는 사람은 석사 2학년 여름방학 때 논문을 거의 끝내놓고 시험 준비에 들어간다. 나는 석사논문 진행이 늦어져 12월 말이 되어서야 간신히 논문을 끝냈다. 시험까지는 한 달 정도밖에 남지 않았는데 나는 영어를 잘하는 편이 아니었다. 게다가 영어권에서 온 유학생들과도 경쟁해야 했다.

이런 불리한 상황에서 어떻게 해야 시험에 붙을 수 있을지 생각해보았다. 영어시험에서는 독해문제가 나온다. 그래서 기출문제를 구해서 보았다. 영어문장 자체는 그렇게 어렵지 않았는데 문제는 분량이 많다는 것이었다. 30줄 정도 되는 긴 영어문장을 번역하는 문제가 세 문항 나오는데, 50분 안에 번역을 마쳐야 했다. 다른 학생들은 영어실력을 늘리려고 안간힘을 썼다. 나는 이 영어시험에서 가장 중요한 것이 영어실력인가 의심해보았다.

일본의 영어 독해시험은 결국 일본어로 번역해야 한다. 영어문장을 이해해도 일본어로 쓰지 못하면 문제를 제대로 풀지 못한 셈이 된다. 외국어로 문장을 이해하는 것보다, 외국어로 문장을 쓰는 것이 몇 배, 몇십 배 어렵다. 일본인에게는 영어실력이 문제가 되겠지만, 외국 유학생에게는 일본어 작문 실력이 문제가 될 것이라고 판단했다.

그래서 한 달 동안 영어를 일본어로 직접 번역하는 훈련을 했다. 영어를 일본어로 번역하려면, 먼저 영어를 자국어로 번역한 뒤 다시 일본어로 번역해야 하므로 당연히 시간이 많이 걸린다. 그래서 한 달 내내 중간과정을 생략하고, 영어를 곧바로 일본어로 옮기는 훈련을 했다.

그 결과 난 박사과정에 무난히 합격했다. 미국 유학생도 떨어지고, 6개월 이상 영어 독해를 열심히 한 사람들도 수없이 떨어지는 시험을, 달랑 한 달 공부해서 합격했다. 게다가 유학생 가운데 영어 성적이 가장 좋았다.

모든 승부에는 맥이 있어서 그 맥을 짚어야 이길 수 있다. 시험도 마찬가지여서 묵묵히, 열심히, 꾸준히 공부한다고 시험에 붙지는 않는다. 누구보다 성실하게 공부했는데 시험 성적이 좋지 않은 사람들이 가장 안타깝다.

아이들의 놀이에도 승부의 맥이 있다. 딸아이는 학교에서 피구 시간을 가장 좋아했다. 특별활동 시간이면 꼭 피구를 하는데, 그날만 되면 아침부터 들떠 있었다. 꼭 피구하러 학교에 다니는 아이 같았다. 내게 피구 연습을 하자고 조르기에 이유를 물어보았더니 피구팀을 남자팀과 여자팀으로 나누는데, 좀처럼 남자팀을 이길 수 없어서 연습을 더 하고 싶다는 것이다.

많은 사람이 '연습하다 보면 실력이 늘겠지'라고 생각하지만 어떤 것을 그저 연습하는 것만으로는 일정 수준 이상의 실력을 갖추기가 힘들다. 승부의 맥을 짚고, 그 맥을 잡는 연습을 해야 '굉장하다'는 말을 들을 정도의 실력을 갖출 수 있다.

딸아이와 피구 연습에 들어가기 전에 맥을 알려주었다.

"상대의 눈을 똑바로 보면서 허벅지를 향해 공을 던져라."

피구의 기본은 공을 던져 사람을 맞히는 것이다. 공을 던지는 사람의 손을 보면 공이 어디로 날아오는지 빨리 인식하고 피하거나 잡을 수 있다. 상대의 눈을 똑바로 보면 상대도 내 눈을 봐야 한다. 공을 던질 손을 봐야 하지만 무의식적으로 눈싸움을 하게 된다. 허벅지는 공을 피하기도, 공을 잡기도 힘든 곳이다. 상대의 눈을 노려보면서 허벅지로 던지면 맞힐 확률이 높아진다.

모든 게임이나 승부는 이기는 방법이 다르고 승부의 맥도 다르다. 하지만 승부의 맥에는 공통점이 여러 가지 있다. 그래서 승부에 강한 사람은 익숙하지 않은 게임에도 쉽게 적응하고 승리를 이끌어낸다. 이런 공통적인 부분이 '이기는 법칙'이다. '이기는 법칙'을 많이 알면 삶이라는 게임을 이겨나갈 수 있다.

대결하는 목적을
잊지 않는 사람이 승리한다

: 공기놀이

18세기 성 베드로 성당을 지을 때의 일이다. 공사를 책임지고 있던 사람이 돌을 쪼고 있는 석공에게 이렇게 물었다.

"당신은 지금 뭘 하고 있습니까?"

"보면 모릅니까? 돌을 다듬고 있잖소?"

석공은 신경질적으로 대답했다.

한참을 지나다가 또 다른 석공에게 같은 질문을 했다.

"입에 풀칠하는 일을 하고 있지요."

그는 푸념하듯이 말했다.

잠시 뒤 만난 세 번째 석공은 이렇게 대답했다.

"난 지금 베드로 성당을 짓는 영광스러운 일을 하고 있습니다."

그는 결국 훌륭한 건축가가 되었다고 한다.

목적을 알고 있으면 과정이 즐겁다. 자신의 대에서 일가를 이룬 미국의 재벌 회장 중에는 부두에서 짐을 내리는 잡역부나 소매점 점원으로 사회생활을 시작한 사람들이 많다고 한다. 그 일을 하는 목적이 무엇인지 알고 있으면 하찮은 일도 가치 있고 소중한 일로 여길 수 있다. 목적을 알고 열심히 하는 사람은 남보다 즐겁게 열정적으로 일하며 계속 발전할 수 있는 것이다. 목적을 알려면 크게 보고 넓게 생각해야 한다.

딸아이는 무엇을 하든 오래 한다. 초등학교 3학년이 되었을 때 자기 학급에서 공기놀이 붐이 일었다. 딸아이는 공기놀이의 '여왕'이 되겠다며 집에서 공기놀이 연습을 많이 했다. 앉은자리에서 세 시간씩이나 연습하기도 했다. 그동안 같이 놀이를 하면서 집중력을 갖춘 덕분이라고 생각한다.

딸아이에게 공기를 잘하려면 무엇을 잘해야 하는지 물어보았다. 딸아이는 '어려운 것도 잘 잡아야 하는 것'이라고 대답했다. 나는 '잘 잡는 것'보다 '잘 던지는 것'이 이기는 방법이라고 알려주었다. 공기를 던질 때 잡기 쉽도록 잘 던지면 잡기 어려운 상황이 나오지 않는다. 잘 잡는 기술을 익히는 데는 많은 시간이 걸리지만, 잘 던지는 방법을 익히는 것은 간단하다. 한 시간 정도만 연습해도 충분하다.

던지기 연습을 하기 진에도 딸아이는 빈에서 공기를 잘하는 편에 속했다. 던지는 연습을 하고 난 뒤 딸아이는 그야말로 '공기의 여왕' '공기의 달인'이 되었다. 같은 반 어느 누구와도 백 번 경쟁하면 백 번 모두 이길 수 있게 되었다.

과연 이것이 현명한 일일까? 딸아이가 자신이 무적이 되었다고 자랑할 때 진정한 승부의 맥을 알려주었다.

"공기놀이를 하는 목적은 쉬는 시간을 즐겁게 보내기 위해서지. 그런데 공기놀이를 할 때마다 친구들을 모두 이기면 아무도 너와 같이 공기놀이를 하려고 하지 않을 거야. 질 것이 뻔한 게임을 하려는 사람은 아무도 없으니까. '시간을 즐겁게 보내기'라는 목적을 생각한다면 때때로 져주어야 해. 상대에게 '공기의 여왕'을 꺾었다는 기쁨을 주어야 하는 거지. 서너 번에 한 번 정도는 져주어야 상대도 해 볼 만하다는 생각을 하게 돼. 그래야 즐거운 시간을 보낸다는 본래의 목적을 이룰 수 있어."

진정으로 승부에 강한 사람은 항상 이기는 것이 능사가 아니라는 것을 안다. 이기는 것보다 더 중요한 것은 '목적을 달성하는 일'이다. 승부에 강한 사람은 승부를 겨루는 목적을 잊지 않는다. 목적을 효과적으로 달성하기 위해 때로는 져주는 것이 필요할 때도 있다. 그래서 때로는 지는 것이 이기는 것이다.

게다가 상대가 정말 약자라면 굳이 이길 필요가 없는 경우도 많다. 약자를 이기면 하나도 즐겁지 않다. 약자에게 져주는 것은 일종의 아량이고 즐거움이다. 약자를 이길 때보다 져줄 때 더 기쁠 수 있으니까.

02

미니맥스 전략을 가르쳐라
: 하나 빼기

 게임에는 상대가 있다. 상대를 이기기 위해서는 밀고 당기기나 두뇌플레이가 필요하다. 이런 것을 연구하는 것이 '게임이론'이다. 게임이론은 병법에 나오는 두뇌플레이 부분을 현대적으로 다루는 과학이라고도 할 수 있다. 게임이론의 체계를 세운 '폰 노이만'은 수학자였지만 주로 경제학 분야에 업적을 남겼다. 어떤 이는 게임이론을 '케인스 이래 가장 중요한 경제학의 업적'이라고도 말한다. 최근 게임이론에 대한 연구가 활발해져서 게임이론으로 노벨상을 수상한 사람도 많다. 저변이 넓어지면서 정치학이나 컴퓨터 과학 분야에서도 폭넓게 이용되고 있고, 생물학 등에도 크나큰 영향을 주고 있다. 이런 거창한 게임이론을 간단한 가위바위보를 응용해 아이들에게 가르칠 수 있다.

'하나 빼기'는 가위바위보 게임 가운데 하나다. 양손으로 가위바위보를 한 뒤 '하나 빼기'를 외치면서 손을 하나 빼고, 남은 손으로 가위바위보의 승자를 결정한다. '하나 빼기'는 단순해 보이지만 두뇌게임의 성격이 있다. 무턱대고 아무것이나 뺀 뒤 승부를 운에 맡기는 것이 아니라, 어떻게 행동하는 것이 합리적인지 생각하게 만든다.

딸아이와 이 놀이를 하면서 '게임이론'의 '미니맥스' 전략을 가르쳤다. '미니맥스' 전략은 두 가지 선택안 가운데 하나를 고를 때 피해를 작게 만드는 선택안으로 고르라는 것이다. 그 어렵고 거창한 '게임이론'의 핵심 중의 핵심 내용이다.

'하나 빼기' 가위바위보를 할 때, 두 사람 모두 '가위와 보'를 냈다면 무엇을 남겨야 할지 불을 보듯 뻔하다. '가위'를 남기면 이기거나 비긴다. 결국 두 사람은 가위를 남겨서 비기게 된다.

그런데 한 사람은 '가위와 보'를 내고 다른 사람은 '바위와 보'를 냈다면 '가위와 보'를 낸 사람은 무엇을 빼고 무엇을 남겨야 할까. 가위를 남기면 상대가 보를 남길 때 이긴다. 보를 남기면 상대가 바위를 남길 때 이긴다. 어느 쪽이든 이길 승산이 있다.

이런 경우 대개는 승부를 운에 맡기고 아무것이나 빼버리는데, '미니맥스' 전략에 따르면 가위를 빼고 보를 남겨야 한다. 가위를 남길 때 상대가 보를 남기면 이기지만, 바위를 남기면 진다. 보를 남길 때 상대가 바위를 냄기면 이기고, 보를 냄기면 비긴다. 최악의 경우에도 비길 수 있는 것이다.

게임 초보자들은 이기려고만 하는데 이기려고만 하니까 지는 것이다. 이기려고 하지 말고, 지지 않으려고 해야 한다. 지지 않다보면 결국은 이기게 된다. 이것이 바로 '미니맥스' 전략이라는 비법이다.

이런 얘기를 아이들이 이해할 수 있을까? 여기 나온 얘기를 모두 들려준다면 아이들 머리가 터져버릴 것이다. 그러니 아이들에게 짧게 한마디만 가르쳐주면 된다.

"이기려면 먼저 지지 않아야 해. 지지 않는 것을 남겨라."

하나 빼기
단순해 보이지만
두뇌게임의 성격이 있는 놀이다.

03

심리전에서 승리하는
포커페이스를 가르쳐라

: 도둑잡기

 미식축구 슈퍼볼에서 MVP를 차지한 하인스 워드는
어린 시절부터 미키 마우스를 좋아했다. 그의 오른
쪽 팔에는 미키 마우스를 새긴 문신이 있다. 그가 문신을 새긴 데에
는 이유가 있다. 어린 시절부터 혼혈아라는 이유로 따돌림을 당하거
나 손가락질을 받고, 가난 등으로 마음이 아플 때마다 미키 마우스
를 보고 웃으면서 긍정적인 생각을 했다고 한다. 미키 마우스는 자
신을 웃게 만드는 친구였다.

하인스 워드는 경기 중에 상대방에 의해 몸을 다치고 코피가 나도
웃고, 공을 놓쳐도 웃고, 터치다운을 해도 웃는다고 한다. 이것은 고
도의 심리전일 수 있다. 심리전은 상대에게 심리적인 자극이나 압박
을 주어 승부를 자신에게 유리하게 끌고 가는 기술이다. 치열한 경

기 중에 웃음으로써 자신의 속내를 숨기고 상대를 당혹스럽게 만들 수 있다.

상대를 설득해야 하거나 협상을 하는 비즈니스의 자리에서 상대의 표정이 바뀌지 않는 것만큼 곤혹스러운 일도 없다. 상대가 도대체 무슨 생각을 하고 있는지 알 수 없으면, 상대에게 단호하게 말하는 것이 힘들어지고, 자신도 모르게 상대에게 유리한 조건을 제시하게 된다. 승부의 세계에서 이기려면 표정 관리도 잘해야 한다.

'도둑잡기'는 원래 화투로 하는 것이다. 화투로 할 때는 보통 비광을 도둑으로 사용하는데, 딸아이는 카드의 조커 그림이 마음에 든다며 카드로 하자고 한다. 패를 쥐고 있을 때의 느낌도 화투보다는 카드가 좋은 것 같고 아빠가 자신에게 불리한 패를 뽑으려고 할 때 카드를 꼭 쥐고 놓지 않는 장난을 하기도 쉽다.

두 사람이 카드로 '도둑잡기'를 하는 요령은 다음과 같다.

❶ 카드 중에서 클로버와 스페이드를 1~7까지 뽑는다(하트와 다이아몬드를 사용해도 좋다).

❷ 조커 한 장을 넣는다. 조커는 도둑이라고 한다.

❸ 아이와 아빠가 뽑아놓은 카드를 나누어 갖는다(한 사람은 7장, 한 사람은 8장이 된다).

❹ 같은 숫자의 카드가 두 장 있으면 바닥으로 내려놓는다.

❺ 남은 카드를 잘 섞어 상대에게 안 보이게 잡고 서로 마주 본다.

❻ 조커가 없는 사람이 조커를 갖고 있는 사람의 카드를 뽑는다.

❼ 서로 번갈아 가며 ❻번을 반복한다.

❽ 마지막에는 한 사람이 두 장, 다른 사람이 한 장의 카드를 쥐게 된다.

두 사람이 도둑잡기를 하면 마지막에 반드시 한 사람이 두 장, 다른 한 사람이 한 장의 카드를 쥐고 있는 상황이 온다. 카드 두 장에는 숫자 카드 하나와 조커 카드 한 장이 있다. 상대가 숫자를 뽑으면 상대의 승리, 조커를 뽑으면 자신이 다시 뽑아야 한다.

이 놀이로 아이에게 심리 싸움을 가르칠 수 있다. 아이의 카드 두 장에 손가락을 번갈아 올리면서 "이 카드가 도둑인가, 이 카드가 도둑인가?" 얘기해보자.

아빠의 손가락이 조커 위에 오면 아이는 웃고, 숫자 카드 위에 가면 울상을 짓기 십상이다. 때때로 냉정하게 숫자를 뽑아 이긴다. 그리고 아빠가 어떻게 숫자 카드를 알았는지 이야기해준다. 아이는 자신의 표정을 보고 아빠가 숫자 카드와 도둑 카드를 알아차린다는 것을 알고 나면 표정을 반대로 짓는 트릭을 사용하기도 한다. 조금 더 능숙해지면 전혀 내색하지 않는 포커페이스를 유지하려고 애쓴다.

초보 수준이시만 심리전이 무엇인지, 사람의 심리가 얼굴에 어떻게 나타나는지 가르쳐줄 수 있는 놀이다.

나는 딸아이에게 이런 말을 해주었다.

"웃자. 유리한 상황일 때도 웃고, 불리한 상황일 때도 웃자."

포커페이스하면 '무표정'을 연상하지만, 포커페이스의 핵심은 항상 같은 얼굴을 유지하는 것이다. 항상 굳은 얼굴을 유지하는 것보다 항상 웃는 것이 좋다. 누군가와 협상을 하거나 토론을 할 때, 항상 굳은 얼굴을 하고 있으면 결과가 좋아도 상대에게 좋지 않은 인상을 남긴다. 항상 웃고 있으면 설사 협상이 결렬되어도 상대에게 좋은 인상을 남길 수 있다.

덧붙여서 이런 말도 들려주었다.

"마음에는 두 가지가 있는데, 다른 사람과 나누고 싶은 마음과 나누고 싶지 않은 마음이 그것이야. 다른 사람과 마음을 나누고 싶다면 감정을 표현해라. 기쁘면 웃고, 슬프면 눈물을 흘려도 좋아. 하지만 마음을 나누고 싶지 않을 때도 있단다. 이를테면 생일 때 친척이나 친구에게 선물을 받았는데 기대에 못 미쳐서 실망할 때 같은 경우지. 이럴 때는 자신의 마음을 숨기고 싶지. 그러면 그냥 웃어라. 웃는 것이 보기 좋고, 자신의 마음도 들키지 않는 길이란다."

지나간 선택은 잊게 하라
: 석 장 내려놓기

고양이에는 '착한 고양이'와 '나쁜 고양이'라는 것이 없다. 개도 '착한 개'와 '나쁜 개'는 없다. 오직 사람에게만 '착한 사람'과 '나쁜 사람'이 있다. 왜 그럴까?

동물은 본능에 따라 행동하므로, 어떤 상황에서 어떤 행동을 하는지 거의 모두 정해져 있다. 하지만 인간은 본능이 아니라 자유 의지로 행동하므로 각각의 상황에 따라 선택한다. 추운 길거리에 쓰러져 있는 성냥팔이 소녀를 보고 구해줄지 무시할지를 정하며, 그 선택에 따라 선한 사람이 되기도 하고 악한 사람이 되기도 한다.

인간은 선택하는 동물이다. 현명하게 선택하려고 노력하면 현명한 사람이 되는데 선택에는 책임이 따른다. 한 번 선택한 것은 되돌릴 수 없는 경우가 많다. 그래서 자신의 선택이 가져온 결과를 받아들이고, 앞으로 나아가야 한다.

'석 장 내려놓기' 놀이는 포커에서 나오는 스트레이트와 플러시를 응용해서 만든 카드 놀이다.

1. 그림카드(J, K, Q)와 조커는 제외한다.

   아이에게 'J=11, Q=12, K=13'이라는 것을 가르치기 힘들다.
2. 아이와 아빠가 카드를 다섯 장씩 갖는다.
3. 남은 카드는 밑에 내려놓는다.
4. 세 숫자가 순서대로 연달아 있으면(4, 5, 6이나 7, 8, 9) 카드 석 장을 내려놓는다. 석 장의 무늬가 같아도(클로버 석 장, 하트 석 장) 석 장을 내려놓는다.
5. 내려놓을 카드가 없으면 남은 카드에서 한 장을 가져온다.
6. 자기 손의 카드가 모두 없어질 때까지 아빠와 아이는 번갈아서 네댓 번 반복한다.

이 놀이는 쉽게 끝나지 않는 경우가 종종 있어서 자칫하면 지루할 수 있다. 아이가 승부욕이 강해서 끝장을 보아야 하는 경우라면 밤을 새워 카드 놀이를 해야 하는 일도 생긴다. 게임을 쉽게 끝내려면 조커를 사용하면 되지만 그러면 너무 쉽게 끝나는 일이 많다. 적정 수준의 난이도로 성취감과 재미를 주려면 무늬 네 개 가운데 세 개만 사용하는 것이 좋다. 클로버, 스페이드, 하트, 다이아몬드 가운데 세 개만 골라서 사용하는 것이다.

이 놀이의 규칙은 무척 단순하지만, '선택의 기로'가 무엇인지 알게 해주는 놀이다. 이 게임의 핵심은 선택이다. 숫자가 연달아 있는 카드 석 장과, 무늬가 같은 카드 석 장이 겹치는 경우가 자주 나오는데 둘 중 하나를 선택해서 내려놓아야 한다.

이를테면 자기 손의 카드 다섯 장이 이렇게 되는 경우가 있다.

클로버 석 장을 내려놓을 수도, 연달아 있는 세 숫자인 '5, 6, 7' 카드를 내려놓을 수도 있다. 과연 어느 쪽이 유리할까.

포커를 해본 사람은 쉽게 이해하겠지만, 이런 경우 '5, 6, 7' 카드를 내려놓는 것이 정석이다. '5, 6, 7'을 버리면 다음번에 클로버만 들어오면 된다. 클로버 카드 석 장을 버리고 나면 다음번에 5나 8이

들어와아 내려놓을 수 있다. 님은 카드 숫자를 세어보면 일겠지만, 대개의 경우 클로버 카드가 5나 8 카드보다 많다. 조금이라도 확률이 높은 쪽을 선택해야 게임에 이길 가능성이 높아진다.

아이들이 이해하지 못할 것 같지만, 차근차근 설명하면 어렴풋이 알아듣는다. 설사 이런 복잡한 계산을 이해하지 못한다고 해도 좋다. 세상을 살다 보면 둘 중 하나만 선택해야 하는 일이 생기는데, 어떤 선택이 유리한지 생각해보고 결정해야 한다는 것을 알려주는 것만으로도 큰 수확이다.

이 게임을 하다보면 선택을 후회하는 일이 수시로 발생한다. 앞의 경우에 '5, 6, 7'을 내려놓았는데, 다음번에 어떤 무늬든 '8'이 나오는 경우에 그렇다. 앞에서 클로버 석 장을 내려놓았다면 바로 게임을 끝내고 이길 수 있었다. 이런 식으로 선택을 후회하고, 선택을 무르고 싶은 상황이 무척 많이 나온다. 한치 앞의 일을 알 수 없기 때문이다.

하지만 선택을 후회한다고 해서 상황이 바뀌는 것은 전혀 아니다. 지나간 선택은 빨리빨리 잊고 앞으로 벌어질 일에 주의를 집중해야 한다. 아이에게 해줄 말은 이것이다.

"지나간 일은 바꿀 수 없어. 지나간 일을 잊어버리고 앞으로 벌어질 일에 집중하는 것이 좋지 않을까."

05

상황분석이 1순위다

: 절반 브리지

맹수가 먹이를 사냥하기 전에 가장 먼저 하는 일은 관찰이라고 한다. 사자가 연약한 영양을 사냥할 때도 어떻게 해야 확실하게 잡을지 관찰한다는 것이다. 게임에서 이기려면 먼저 상황을 잘 지켜보고 어떤 상황인지 분석해야 한다.

이 놀이는 브리지 카드를 변형한 것이다. 브리지는 카드게임 가운데 가장 단순한 놀이다. 초등학교 들어가기 전에도 규칙을 익힐 수 있을 정도다. 하지만 아이와 둘이 할 때는 규칙을 변형해야 한다. 둘이 하기에는 카드가 너무 많으니 절반만 사용하는 것도 하나의 방법이다.

❶ 7자 이하의 카드만 뽑는다.

❷ 7자를 한 줄로 늘어놓고 나머지 카드를 아이와 아빠가 나눈다(한 사람 앞에 카드가 12장씩 돌아간다. 이 경우는 카드를 감출 필요가 없다. 내게 없는 카드는 상대가 가지고 있으므로 숨길 이유가 없다).

❸ 각자 번갈아가면서 카드를 놓는다.

❹ 각각의 무늬에 맞추어 7 다음에는 6, 6 다음에는 5, 이런 식으로 카드를 놓는다.

❺ 카드를 건너뛸 수는 없다. 6이 나오지 않은 상태에서는 5를 놓을 수 없는 식이다.

❻ 자신이 놓을 것이 없으면 진다.

❼ 자기 카드를 모두 내려놓으면 이긴다.

글을 읽고 있으면 규칙이 어렵게 느껴지지만, 실제로 해보면 무척 단순하다.

네다섯 명이 브리지를 하면 여러모로 머리를 굴려야 하지만 두 명이 하면 순전히 운에 따라 승부가 결정된다. 에이스(1자)를 많이 갖고 있는 사람이 거의 지게 되어 있다.

순전히 운으로 결정되는 승부를 전략과 선택의 놀이로 만들어주는 것이 조커의 존재다. 아이에게 여분으로 조커를 두 장 준다. 조커는 어느 무늬, 어느 숫자로도 사용할 수 있다.

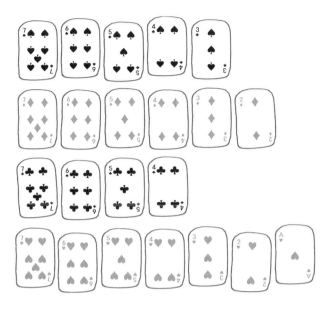

 자신에게 클로버 무늬 카드가 '5, 4, 3, 2, 1' 다섯 장이나 있는
데, 상대가 6자를 내주지 않는 경우(6을 내줄 이유가 없다), 조커는 위
력을 발휘한다. 조커를 클로버 6으로 사용하면 다섯 번 연속으로 자
신에게 유리한 카드를 계속 내려놓을 수 있다.

 이 놀이는 상황을 파악하는 훈련이 된다. 게임을 시작하기 전에
먼저 이런 식으로 정리해야 한다.

 "나는 무엇무엇을 들고 있고, 따라서 상대는 무엇무엇을 들고 있
다. 내가 카드를 내려놓는 데 가장 방해가 되는 것은 무엇일까? 방

해 요소는 여러 가지가 있지만, 그 가운데 가장 큰 방해가 되는 것이 '이곳'이다. 그 부분에 조커를 사용해야겠다."

어린아이가 이런 생각을 할 수 있을까 의심하는 사람도 있겠지만 실제로 아이와 게임을 몇 번 해보면 아이가 쉽게 적응한다는 것을 알게 된다. 아마도 아이가 패를 분석하고, 전략을 짜고, 조커를 적절히 사용하는 것을 보고 놀라게 될 것이다.

딸아이가 이 게임에 익숙해지면서 도저히 딸아이를 이길 수 없게 되었다. 딸아이에게 에이스가 넉 장 모두 들어가지 않는 이상 내가 이길 수 없었다. 그러자 딸아이가 먼저 조커를 한 장으로 줄이자고 제안했다. 그제야 게임이 비등해졌다. 한 장밖에 없는 조커를 언제 어느 곳에 사용해야 할까 눈을 반짝이며 생각하는 딸아이 모습을 보고 있으면, 아이가 '전략가'가 되어간다는 생각에 나도 모르게 웃음이 나온다.

06

운으로 결정되는 승부는 하지 마라
: 카드 날리기/화투 뒤집기

 프로이트 학파의 일원인 페렌크치(Ferenczi)는 주식 시장에 매달리거나 카지노에서 도박하는 사람들에게는 '유아기적 전능감'이 남아 있다고 주장했다. 유아 시절에는 부모가 무엇이든지 들어주기 때문에 유아들은 자신을 전지전능한 존재로 여긴다는 것이다.

아이들은 대부분 유치원에 들어가기도 전에 자신이 전능하지 않다는 사실을 깨닫게 된다. 하지만 유아기적 전능감이 마음속에 도사리고 있다가 때때로 고개를 쳐들어 자신에게는 기적 같은 일이 일어날 수 있다고 믿는다. 도박이나 투기로 큰돈을 잃는 사람들 중에 이런 사람이 많다고 한다. 더욱 곤란한 점은 그들이 손해를 본 뒤 전능감이 더 강해져 패가망신으로 달려간다는 것이다.

내가 개발한 카드 놀이 가운데는 이런 것도 있다. 선풍기를 틀어 놓고, 바람 앞에서 카드를 떨어뜨린다. 카드가 떨어지면서 앞서 떨어뜨린 카드 위에 포개지면 자기 카드가 된다. 아이와 카드를 절반씩 나누어 차례차례 떨어뜨린다. 자기 카드를 많이 확보한 사람이 이긴다.

이 놀이를 고안할 때 한때 국민게임이었던 온라인 게임 '포트리스'나 '모두의 골프'를 연상했다. 바람의 세기를 계산에 넣고 대포를 날리거나 골프 샷을 하듯이, 바람의 방향과 세기에 맞추어 떨어뜨리는 것을 상정한 것이다.

실제로 해보니까 머리를 쓰는 것과는 전혀 상관이 없는 게임이었다. 같은 무게의 카드를 같은 세기의 바람에 날려 보내는데도 카드는 제멋대로 떨어진다. 결국 100퍼센트의 운이 승부를 좌우하는 놀이가 되었다.

화투나 카드 놀이는 주로 딸아이의 침대에서 한다. 화투 놀이를 하다가 여흥으로 개발한 놀이가 있다. 두 사람 앞에 화투를 뒤집어서 대충 흐트러뜨려 놓는다. 화투가 포개져 있어도 상관없다. 아이와 번갈아서 화투 주변을 두 손바닥으로 강하게 친다. 침대의 반동으로 화투가 몇 장 뒤집어지면 그것을 친 사람이 가져간다. 한 번에 여러 장이 뒤집어지는 경우가 많아서 꽤 재미있다. 이 놀이 역시

100퍼센트의 운이 승부를 좌우한다.

　카드나 화투를 이용한 놀이는 승부의 맥을 가르치기 위한 것이다. 하지만 순전히 운으로 승부가 결정되는 게임도 해볼 가치가 있다. 게임에 진 아이가 울상을 지으면 이런 이야기를 들려준다.

　"승부에는 두 가지가 있어. 하나는 운으로 결정되는 승부고, 또 하나는 실력으로 결정되는 승부야. 가위바위보를 하거나 주사위를 던져서 큰 수가 나오는 사람이 이기는 승부는 운으로 결정되는 것이지. 그런 것에 진다고 해서 분해하거나 자신을 탓할 필요는 없어. 자신이 잘못한 것이 하나도 없기 때문이야.

　운으로 결정되는 승부는 아빠가 져주고 싶어도 져줄 수 없어. 그리고 네가 아무리 노력해도 이긴다는 보장도 없어. 세상에는 그런 일이 많단다. 하고 싶은 일을 정할 때 운으로 정해지는 일은 선택하지 말아야겠지? 자신의 힘과 노력으로 자기 미래를 열어갈 수 있는 길을 갔으면 좋겠어."

　성숙은 자신이 할 수 있는 것뿐만 아니라 자신이 할 수 없는 것이 무엇인지도 알아가는 것이다. 운은 사람이 좌우할 수 없고 세상에는 본인의 노력보다 운이 더 작용하는 직업이 많다. 그런 직업에 종사하는 분들에게 미안한 일이므로 하나하나 예를 들지는 않겠다. 자신의 미래를 운에 맡기지 말라는 것은 쉽게 말하면 거리에서 스카우트

되어 아이돌 스타기 되기니 로또가 당첨되이 팔자가 바뀌는 일은 꿈도 꾸지 말라는 얘기다. 사람은 자기 삶을 스스로 통제하는 만큼 행복해질 수 있으니까.

07

상대의 입장에서 생각하게 하라
: 오목

 게임에는 자신만 있는 것이 아니라 상대가 있어서 '상대의 입장에서 생각'하지 않으면 게임에서 이길 수 없다. 이것은 게임이론의 핵심이기도 하고, 사회를 살아가는 기본적인 사고방식이기도 하다.

한 수 앞을 내다보면 게임에 이기기 쉽다. 한 수 앞을 보려면 '상대도 최선을 다한다'고 생각해야 한다. 상대가 내게 유리하도록 행동할 리는 없기 때문에 상대도 항상 자신이 유리하도록 행동한다.

《손자병법》의 저자인 손자는 다른 사람의 힘에 의지하는 일을 가장 싫어했는데, 전쟁에서 적의 실수를 기대하거나 아군에게 기적이 일어나기를 비는 일이 바로 그런 경우다. 실제로 이런 요행은 거의 일어나지 않는다. 좀처럼 오지 않는 요행을 바라며 전부를 거는 행동은 이치에 맞지 않는다는 것이다.

오목은 바둑에 비해 지나치게 간단해서 게임이 아니라 장난에 가깝다고 생각하는 사람들이 많은데, 오목 역시 심오한 세계가 있다. 한국에서 오목을 가장 잘 둔다고 소문난 고수와 오목을 둔 적이 있다. 도저히 이길 수 있는 상대가 아니었다. 그는 40수 앞까지 내다보며 오목을 둔다고 했다. 그 정도 고수가 아니더라도 오목은 충분히 재미있는 게임이다. 앞에서 언급한 놀이들도 승부의 세계에 대해 느낄 수 있는 것들이 많지만, 놀이를 하는 원초적인 목적은 '재미'를 느끼기 위해서고 아이들과 즐거운 시간을 보내기 위한 것이다. 단지 재미있는 일로 그치고 싶지 않아서 놀이를 통해 교훈을 줄 것이 무엇인지 생각해보기도 했고 교훈을 먼저 생각하고 놀이를 만들어내기도 했다. 하지만 놀이의 본래 목적은 재미 추구다. 재미가 없는 놀이는 하지 말아야 한다. 재미가 없으면 교훈도 없다.

오목은 7~8세부터 아빠와 본격적으로 두뇌 싸움을 할 수 있는 놀이다. 조용히 앉아서 두지만, 머릿속에서는 이런저런 계산과 수읽기가 벌어지기 때문에 재미있다.

오목 실력이 어느 정도 되면 꽤 많은 수를 두어야 승부가 결정된다. 수를 읽게 되면 상대의 공격에 민감해지고 미리미리 공격할 곳을 차단해둔다. 그러다 보면 마땅히 둘 곳이 없을 때가 있다. 상대는 한참을 고민하다가 엉뚱한 곳에 둔다. 마치 둘 곳이 없어 아무 데다 둔 것처럼 보인다. 그러나 바로 그때가 조심해야 할 때다. 오목처럼 한순간에 승부가 결정되는 게임에서 의미 없는 수는 없다. 모두 나름대로 계산하고 놓은 수다. 상대가 대충 둔 것 같은 때일수록 유심히 보아야 한다. 40수 앞을 내다보는 고수의 세계는 다르겠지만 보통 사람이 오목을 두는 경우, 오목은 결국 상대를 존중하는 사람이 이긴다. 상대를 존중한다는 것은 '상대가 절대로 바보가 아니다' 라고 생각하는 것이다. 자신과 승부를 겨루는 사람의 행동이 무의미한 경우는 있을 수 없다. 모두 의도와 의미가 있다. 상대를 존중하고 무슨 의도인지 항상 생각한다면 게임에 질 일이 거의 없다.

오목을 두면서 딸아이에게 이런 말을 자주 들려준다.

"아빠는 어렸을 때 동네에서 공부를 가장 잘했어. 그런데 오목 실력은 중간도 가지 못했지. 아빠보다 공부는 못하는데 오목을 잘 두는 아이들이 많았거든. 사람의 머리에는 여러 종류가 있는 것 같아. 공부 잘하는 머리도 있고, 오목 잘하는 머리도 있고. 아빠는 그애들이 공부를 못하기에 오목도 당연히 못할 거라고 생각하고 우습게 여겼다가 매일 진 것 같아."

승부에 임해서는 그 어떤 상대라도 우습게 여기지 말아야 한다는 것을 딸아이에게 가르치고 싶었다.

08

1점 차라도 이긴 건 이긴 것이다
: 민화투

 루스벨트 대통령은 엄청난 카리스마와 리더십으로 경제대공황을 극복하고 제2차 세계대전에서도 승리를 이끌어냈다. 1941년 8월, 루스벨트는 대서양에서 처칠 영국 총리를 만나 연합국 결성과 러시아 지원 등을 협의했다. 이때 미국에서 루스벨트에게 뉴스가 날아왔다. 하원이 1년 8개월의 징병연장안을 203 대 202, 즉 단 한 표 차로 통과시켰다는 것이다. 처칠은 얼굴이 일그러지면서 "앞으로 큰 전쟁을 해야 할 나라의 대통령을 한 표 차로 지지하다니. 영국 같으면 내각이 무너지는 불신임이나 다름없다"라고 불평했다.

하지만 루스벨트는 담담하면서도 자신 있게 말했다.

"한 표 차도 승리는 승리다. 중요한 점은 연장을 반대한 측이 패배

함으로써 이제 우리는 더 강한 군대를 유지할 수 있다는 사실이다."

요즘 사람들은 화투를 잡으면 거의 100퍼센트는 '고스톱'을 한다. 나는 딸아이와 고스톱도 치지만 '민화투'도 즐겨 친다. 같은 화투 게임이지만 승리의 논리가 전혀 달라서 배울 점도 다르다.

민화투는 둘이서 행하는 '맞고'와 비슷하다. 열 장씩 나누어 갖고 바닥에는 여덟 장을 깔아놓는다. 남은 화투는 뒤집어놓는다. 화투를 한 장 내고 가운데 놓인 패를 뒤집는 것은 고스톱과 같다. 다른 것은 점수계산 방식과 게임진행 방식이다. 민화투는 광은 20점, 10끗은 10점, 5끗은 5점, 피는 0점이다. 고스톱과 달리 중간에서 고를 하거나 스톱을 하는 규칙은 없다. 서로 패를 모두 내려놓는 마지막까지 친다. 진짜 민화투에는 청단, 초단 같은 '단'이 있고, 풍을 모두 먹으면 20점을 추가해주는 등 '약'이라고 불리는 추가점수 계산법이 있지만, 아이와 민화투할 때는 무시하는 것이 좋다. 그래야 민화투를 통해 승리에는 여러 방식이 있다는 것을 가르칠 수 있다.

민화투에서 이기려면 자신의 패와 바닥 패를 종합적으로 판단해 지금 무엇을 먹어야 하는지 최선의 선택을 해야 한다. 처음 민화투를 칠 때 딸아이는 '광(光)' 패를 무척 좋아했다. '광' 패는 그림도 화려하고, 점수도 20점으로 가장 크다. 딸아이는 패를 받자마자 광이 몇 개인지 세어보고, 패를 낼 때도 광부터 먹으려고 했다. 이런 식으로 민화투를 하면 게임에서 질 가능성이 크다.

"자신에게 비 5끗과 피가 있는데 바닥에 비 10끗이 있으면 5끗으로 10끗을 먹어야 해. 그래야 남은 피로 광을 먹을 수 있어. 광을 먼저 먹는다고 이기는 것이 아니야. 바닥에 피 두 장이 깔려 있는 것이나 굳은자는 서둘러 먹을 필요가 없단다."

민화투에 대한 몇 가지 요령을 가르쳐주었더니 딸아이는 패를 낼 때마다 신중하게 생각하기 시작했다. '광'만 보면 흥분하는 단계에서는 확실히 벗어난 것이다. 딸아이가 패를 낼 때마다 고민하고, 점점 더 정확한 패를 내며 발전하는 모습을 보고 있으면 무척 흐뭇하다.

민화투의 총점은 240점이다. 240점을 두 사람이 나누어 갖는 '제로섬 게임' 구조다. 120점을 따면 상대도 120점이므로 비기게 된다. 125점을 따면 상대가 115점이 되어 10점 차로 이긴다. 민화투는 125점이 목표인 게임이다. 패가 좋다고 150점이나 160점을 노릴 필요가 없다. 그 점을 가르치고 싶었다.

게임에는 여러 종류가 있어서 상대방을 압도해야 하는 게임과 그럴 필요가 없는 게임이 있다. 고스톱은 점수를 많이 낼수록 좋다. 두 기업이 시장에서 경쟁한다면 시장점유율이 압도적일수록 좋다. 축구의 경우, 1 대 0으로 이기나 4 대 0으로 이기나 1승은 1승이다. 골득실차가 중요한 경우도 있으므로 1 대 0보다는 4 대 0이 낫다. 야

민화투
1점 차도 승리는 승리임을
알게 해준다.

구는 점수 차가 전혀 중요하지 않다. 1 대 0으로 이기나 10 대 0으로
이기나 똑같은 1승이다. 프로야구 정규시즌을 보면 희한한 현상을
발견할 수 있다. 우승팀은 이길 때는 1~2점 차로 이기는 경우가 많
고, 질 때는 무참하게 진다. 반대로 하위팀은 이길 때는 대승을 거두
고 질 때는 1~2점 차로 진다. 프로야구에서는 간신히 이기는 팀, 하
지만 많이 이기는 팀이 진정한 강팀이다.

　세상에는 상대를 압도할수록 좋은 게임과 간신히 이겨도 되는 게
임이 있다. 민화투나 야구 같은 게임은 상대를 압도할 필요가 없다.
1점 승리도 승리다.

09

요령이 아닌 실력을 키워주어라

 카드나 오목, 화투 같은 게임을 할 때 딸아이는 반칙
을 많이 사용한다. 한 번 둔 수를 물리자고 하거나,
내 주위를 다른 곳으로 돌린 뒤 패를 바꾸어놓는다. 아이들은 승부
욕이 강해서 이런 반칙을 많이 사용하려고 하는데, 그렇다면 반칙을
어디까지 허용해야 할까?

처음에는 반칙을 모두 눈감아주는 것이 좋다. 하지 말라고 해서
하지 않을 것도 아니고, 반칙할 때마다 주의를 주면 게임이 재미없
어지기 때문이다. 다만 "아빠한테는 반칙해도 되지만, 나중에 친구
들과 게임할 때 반칙하면 친구들이 다시는 놀아주지 않을 거야"라는
말만 해주었다.

반칙을 눈감아주는 것은 그것이 반칙을 하지 않게 되는 지름길이

라고 생각하기 때문이다. '승부 근성'은 '승부욕'과 다르다. 승부욕만 강한 아이는 수단과 방법을 가리지 않고 이기려고 한다. '승부 근성'이 강한 아이는 정정당당하게 싸워서 이기려고 한다. '승부 근성'에는 자신의 노력이 포함되기 때문이다.

반칙은 '승부욕'에서 나온다. 승부욕을 승부 근성으로 바꾸어주려면 아이의 실력이 늘어날 때까지 기다려야 한다. 반칙을 하건 무엇을 하건 게임을 많이 하다보면 실력이 늘게 된다. 아이가 실력으로 아빠를 이겼을 때 아이에게 진지하게 한 가지 질문을 던지면 된다.

"반칙을 써서 이겼을 때와 실력으로 이겼을 때, 어느 쪽이 더 기쁘니?"

이런 질문을 던지면 아이는 스스로 깨닫게 된다. 정정당당하게 이긴 것이 반칙으로 이긴 것보다 몇백 배 더 즐겁기 때문이다.

삶에서 문제가 되는 것은 '삶의 방식', 즉 '살아가는 태도'라고 생각한다. 살아가는 과정에서 이기고 지는 것이 문제가 되는 상황도 있다. 하지만 가장 중요한 것은 '이기는 방법'이다. 부모가 아이에게 비겁하게 이기는 방법을 가르치면, 아이는 이기기 위해 수단과 방법을 가리지 않을 것이고, 그렇게 되면 결국 아이를 불행하게 만들 것이다.

놀이나 게임을 하면서 비겁한 수단을 쓰라고 가르치는 부모는 없을 것이다. 하지만 공부에 관련된 일에는 부모 자신도 모르게 비겁

한 수단이나 반칙을 권히는 경우가 많다.

딸아이가 초등학교에 들어갈 무렵 '우리 아이 공부 잘하게 만드는 법'을 가르쳐준다는 학습기술 서적을 무척 많이 읽었다. 놀라운 점은 시험 요령을 가르치는 내용이 무척 많다는 것이었다. 이를테면 아이에게 이런 말을 들려주라는 내용이 많았다.

"선생님이 수업시간에 중요하다고 강조하신 것이 대개 시험에 나오거든. 그러니까 수업시간에 선생님 얼굴을 똑바로 쳐다보고 열심히 집중해서 들어야 해."

이런 식으로 성적을 올리는 일은 정정당당한 승부가 아니다. 아이에게 공부가 아니라 시험을 잘 치는 요령만 가르치는 셈이 된다. 게다가 수업시간에 교사가 무엇을 강조하는지 신경 쓰다보면, 정작 수업 내용은 귀에 잘 들어오지 않는다.

나는 아이를 학교 시험문제를 잘 찍어주는 학원에 보내는 것도 일종의 반칙이라고 생각한다. 게다가 이런 일은 아이의 실력을 기르는 데 도움이 되지 않는다. 대학입시처럼 무척 중요한 시험을 앞두고 있다면 할 수 있는 일은 다해야겠지만, 아직 어린아이들에게까지 쉬운 길만 골라서 가도록 가르치는 것은 아이의 자생력을 떨어뜨리는 일이다.

part
5

세상에서
가장 소중한 존재임을
일깨워주어라

'나는 사랑받을 가치가 있는 사람'이라는 생각이 없으면 '승부 근성'을 지닐 수 없다. 자신을

사랑하지 않거나 하찮게 여긴다면 노력할 필요성도 느끼지 못하고, 더 분발해서 잘해야겠다는

생각을 하기도 힘들기 때문이다. 자신을 사랑받을 가치가 있는 사람이라고 여기는 것은 자신을

신뢰하는 것이다. 자신을 신뢰하는 사람은 타인과 세상도 신뢰하는 좋은 인성을 갖추게 된다.

후루타 아츠야(古田 敦也)는 일본 프로야구계의 명포수다. 한 일 국가대표 야구 경기에서 포수 마스크를 쓴 적이 많으므로 기억하는 분들이 많을 것이다. 그는 초구에 포크볼 같은 결정구를 던지게 하는 등 기존 상식을 벗어난 투수 리드로 타자를 요리해냈다. 그가 있음으로써 일본 프로야구의 투수 리드의 정석이 바뀌었다는 말도 나왔다. 그와 한 팀에서 뛸 때는 10승 이상을 하던 투수가 다른 팀으로 옮긴 뒤 비실비실하다가 은퇴한 경우도 많았다. 그만큼 그의 투수 리드가 뛰어났던 것이다.

나는 '후루타' 선수의 팬이기에 그의 인터뷰는 항상 눈여겨본다. 한 번은 그가 텔레비전 인터뷰에서 이런 질문을 받았다.

"좋은 포수가 되기 위해 가장 필요한 것은 무엇인가요?"

볼 배합 같은 투수 리드 능력이나, 타자와 벌이는 머리싸움, 타자에 대한 정밀한 분석 같은 대답이 나올 줄 알았다. 하지만 후루타는 이렇게 대답했다.

"가장 중요한 것은 투수의 공을 잘 잡는 것이다. 원바운드로 공을 던지든, 타자 머리 위로 넘어가는 폭투를 던지든 잘 잡아주어야 한다. 어떤 공을 던져도 포수가 잡아준다는 믿음이 있어야 투수는 마음껏 공을 던질 수 있고, 그래야 투수의 능력을 100퍼센트 끌어낼 수 있다. 포수는 투수의 능력을 활용해 타자를 요리하는 자리다."

아주 기본이 되는 공을 잡는 능력이 가장 중요하다는 말에 충격과 감동을 받았다.

부모와 아이에 비유하면, 아이는 투수고 부모는 포수다. 부모는 아이가 자신의 능력을 100퍼센트 끌어낼 수 있도록 도와야 한다. 가장 중요한 것은 '나는 무엇을 해도 부모의 사랑을 받을 수 있다' 는 믿음이 아닐까 싶다.

아이에게 가장 중요한 것은 자존감이라고 한다. 자존감은 자신을 있는 그대로 존중하는 것이다. 자신을 긍정하는 사람은 자존감이 높다. 우월감이나 열등감과는 상관이 없다. 남보다 낫다고 우쭐대지도 않고, 남보다 못하다고 위축되지도 않는다.

자존감은 대부분 어렸을 때 부모에게서 얻는다. 아이가 자존감을 갖기 위해서는 두 가지가 필요하다. 하나는 '나는 유능하다'고 생각하는 것이고, 다른 하나는 '나는 사랑받을 가치가 있는 사람'이라고 생각하는 것이다. '나는 유능하다'는 생각은 바로 자신감이다.

'나는 사랑받을 가치가 있는 사람'이라는 생각이 없으면 '승부 근성'을 지닐 수 없다. 자신을 사랑하지 않거나 하찮게 여긴다면 노력할 필요성도 느끼지 못하고, 더 분발해서 잘해야겠다는 생각을 하기도 힘들기 때문이다.

자신을 사랑받을 가치가 있는 사람이라고 여기는 것은 자신을 신뢰하는 것이다. 자신을 신뢰하는 사람은 타인과 세상도 신뢰하는 좋은 인성을 갖추게 된다.

자신이 사랑받는 존재라는 것을 오래 기억하게 하는 것이 추억이다. 추억할 거리가 많은 사람은 시련에 강하다. 아무리 힘들어도 즐거운 기억을 회상하며 마음을 다스리고 다시 힘과 용기를 낼 수 있기 때문이다.

특별한 추억거리는 시간이 많이 걸리거나 돈이 많이 드는 거창한 일에서 얻어지지 않는다. 아련히 추억에 잠기는 일은 사실 별것 아니다. 별일이 아니지만 여러 번 자주 한 일들이 특별한 추억이 된다.

나는 장독대만 보면 어머니의 팔베개가 떠오른다. 초등학교 3학년 때 상독대가 있는 집에서 살았는네 그해 어름은 무척 더웠다. 어머니와 나는 더위를 피해 매일 장독대에 돗자리를 펴고 잠을 잤다. 어머니의 팔을 베고 어머니가 들려주는 전래동화를 들으며 스르르 잠이 들었다.

아이들에게도 이런 추억을 남겨주고 싶다. 앞에 나왔던 놀이들도 모두 특별한 추억거리가 되는 놀이라고 생각한다. 그에 덧붙여서 아이가 어떤 물건이나 행동을 보면서 "참, 아빠랑 그런 놀이도 했어"라며 빙긋이 웃을 수 있는 거리를 제공해주고 싶다.

색다른 경험일수록 좋은 추억으로 오래 남는다. 여기서 소개하는 놀이는 정말 '별의별' 놀이들이다. 내 아이들이 어른이 되었을 때 전자제품을 사거나 우유를 마시다가도 "아빠랑 별의별 놀이를 다했네"라며 특별한 추억을 떠올릴 수 있으면 좋겠다.

아빠의 스킨십은
정서적 안정감을 키워준다
: 엉덩이로 아빠 얼굴 올라타기

 주변에는 독립할 줄 모르고 끊임없이 부모에게 의존
하려는 아이들 때문에 속을 끓이는 부모들이 많다.
그런 아이들은 대개 책임감도 삶의 목표도 없다.

한동안 어려서부터 독립심을 길러주어야 한다는 사고가 지배적이
었다. 심리학자 오웬즈의 오랜 연구에 따르면 어렸을 때 지나치게
독립적이기를 강요당하면서 자란 아이는 커서 자주적이지 못하다고
한다. 반대로 어렸을 때 매우 의존적인 아이가 어른이 되어서 자신
만만한 성격을 지니게 되는 것으로 밝혀졌다. 더구나 독립적인 아이
가 되라고 신체적 처벌 등을 받으면서 자란 아이는 더욱 연약한 어
른이 되었다고 한다.

부모와의 스킨십이 중요한 것은 이 때문이다. 아이를 많이 안아줄

수록 아이는 안정감을 느끼고, 안정감을 발판으로 독립심을 키운다. 생후 18개월 미만의 아기에게 사랑을 많이 표현한다고 해서 버릇이 나빠지는 것은 아니다. 울 때마다 안아주면 버릇이 나빠진다는 말을 믿지 마라. 이때는 모든 것을 받아주는 것이 좋다.

아빠 몸 위에서 걷기 놀이나 점프 놀이를 하다보면 희한한 일을 경험할 수 있다. 아이는 가슴까지 걸어온 뒤 그냥 내리는 것이 아니라, 아빠 얼굴 양쪽으로 발을 내려놓고 자기 엉덩이로 아빠 얼굴에 올라탄다. 딸아이도 그랬고, 아들아이도 그랬다.

누가 가르쳐주지도 않았는데 어떻게 알았을까. 아이들은 어떻게 해야 아빠를 괴롭힐 수 있는지 궁리하면서 사는 것 같다. 아들아이가 얼굴에 타고 있을 때 '아이고, 아이고' 하고 괴로운 듯이 소리를 지르면 아이는 더욱더 신나 했다.

내 새끼 엉덩이니까 아무리 깔고 뭉개도 기분이 나쁘지는 않다. 아이가 기저귀를 차고 있을 때는 얼굴을 엉덩이로 올라타고 있으면 오줌 냄새가 나기도 하지만 이상하게도 그 냄새를 맡고 있으면 기분이 좋아졌다.

아이가 아빠 얼굴을 엉덩이로 올라타는 놀이는 그 어떤 놀이보다 중요하다는 생각이 든다. 어린아이들은 자기 몸에서 나온 것은 자신의 일부라고 여긴다. 그래서 코딱지를 파먹고 콧물을 빨아먹는다.

자신의 일부이므로 아까워서 버리지 못하는 것이다. 아빠 역시 아이 몸에서 나온 것은 아이의 일부처럼 소중하게 대해주어야 한다. 아이의 코딱지나 똥오줌을 더럽다고 여기면 아이는 자신이 거부당하는 느낌을 받는다. 그러니 아이의 오줌 냄새나 똥 냄새도 거부하지 말아야 한다.

엉덩이로 아빠 얼굴에 올라타는 놀이는 꼭 해보라고 권하고 싶다. 자기 아이의 오줌 냄새나 똥 냄새를 맡으면서 구수하다고 생각하는 것은 부모가 자기 아이를 얼마나 예뻐할 수 있는지 경험하는 일이다. 혹시 구수하게 생각되지 않는다면 의식적으로 구수한 냄새라고 생각하는 훈련을 해야 한다. 자식에 관한 한 노력해서 안 되는 일은 없다.

아이와 놀아주는 것은 쉬운 일이다
: 서울구경/풍차돌리기/손 그네

아이들과 함께 할 수 있는 놀이를 가르쳐주는 책들을 보면 준비물이 필요한 놀이가 너무 많다. 자석과 쇳가루가 필요한 놀이, 2~3미터 정도 되는 굵은 끈이 필요한 놀이, 나무젓가락이 20개나 필요한 놀이. 아빠가 언제 이런 것을 준비하겠는가. 시간도 없고 그럴 정신도 없다.

'아이들과 놀아주어야지' 생각하지만 막상 놀려고 하면 무엇을 해야 할지 모르겠다는 아빠들이 많다. '놀이'를 어렵게 생각하기 때문이다. 아빠 놀이의 기본은 몸으로 노는 것이다. 아이와 아빠가 몸을 부대끼며 하는 일들은 모두 놀이가 된다. 아이와 함께 몸으로 놀겠다고 마음먹으면 아이가 알아서 하고 싶은 놀이를 개발해내서 몸 하나만으로도 수십 가지 놀이를 할 수 있게 된다.

딸아이와 놀이를 시작하면서 가장 먼저 한 것은 '서울구경'이었다. 양손으로 딸아이의 겨드랑이를 잡고 번쩍 안으면서 '들었다 내렸다'를 반복하는 놀이다.

'서울구경'은 언제 어디서나 아이를 '까르르' 웃게 만드는 놀이지만 지나치게 단순해서 아이가 금방 싫증낸다. 스무 번쯤 반복하면 아이의 웃음소리가 잦아든다. 그러면 종목을 바꾼다. 양손으로 딸아이의 겨드랑이를 잡은 채 빙글빙글 돈다. 이른바 '풍차돌리기'다.

아이를 내려놓고 돌려세운 뒤 아이와 같은 방향을 보면서 아이를 허리까지 들어 올린 다음 허리를 굽히고 앞뒤로 흔든다. 그네 태우기랑 비슷하기 때문에 '손 그네'라는 이름을 붙였다.

처음 이 놀이를 할 때 아이는 조금 당황한 듯 잠시 아무 소리도 내지 않았지만, 이내 까르르 웃었다. 허리를 굽혀야 하기 때문에 조금 힘들어서 2~3분이 한계다. 놀이동산의 제트코스터도 실제 러닝타임은 무척 짧다. 아이에게는 2~3분이 무척 긴 시간이고 충분히 만족할 만큼 즐거운 시간이다.

나는 이 놀이를 항상 연속으로 한다. '서울구경' '풍차돌리기' '손 그네'로 이어지는 3부작 놀이다. 이 놀이의 장점은 아이의 협조 없이도 시작할 수 있다는 점이다. 아빠가 등 뒤에서 아이를 들어 올리는 것만으로도 놀이를 시작할 수 있기 때문에 우는 아이를 달래줄 때 유용한 놀이다.

딸아이에게 이 놀이를 해주기에는 키도 크고 몸무게도 많이 나가서 요즘은 아들아이에게만 해준다. 누나에게 대들다가 한 대 맞고 울고 있을 때 이 놀이만 해주면 울음을 멈추고 웃기 시작한다. 눈에는 눈물이 고여 있는데, 찢어질 듯이 크게 입을 벌리고 웃는 모습이 무척 귀엽다.

손 그네
우는 아이를 달래줄 때 유용하다.

03

엄마가 모르는 비밀을 공유하라
: 비밀여행

 초등학교에 들어가기 전 딸아이는 내가 산책을 가자고 하면 입이 찢어졌다. 놀이터가 아니라 '산책' 이라는 말에 혹하는 것이다. 옷을 챙겨 입으면서 딸아이는 엄마에게 말한다.

"엄마는 집에 있어."

이것은 오히려 아내가 바라는 바다. 굳이 말하지 않아도 되는데 딸아이의 마음이 급한 것이다.

아내는 장난삼아 말한다.

"엄마가 따라가면 안 될 일이라도 있어?"

"아냐, 아냐, 아무것도 아냐!"

딸아이는 손사래를 친다. 엄마가 옷을 입고 따라 나올까 걱정되어

내 손을 잡고 빨리 산책 나가자고 조른다. 아빠가 함께 나가면 산책이 아니라, 때때로 '비밀여행'을 시켜주기 때문이다.

딸아이는 길을 가다가 화단의 꽃이나 돌 같은 것을 그냥 지나치지 않고 유심히 살피는 일이 많다. 그러나 '비밀여행'을 갈 때는 꽃이나 풀이 눈에 들어오지 않는다. 머릿속은 온통 아파트 단지 앞 상가 생각으로만 가득할 뿐이다.

상가에 도착해 가장 먼저 방문하는 곳은 햄버거 체인점이다. 딸아이에게 햄버거 세트를 주문해준다. 한 손에 햄버거를 들고 다른 손에는 콜라를 든 딸아이의 입은 찢어지기 일보 직전이다. 햄버거와 콜라는 아내가 딸아이에게 죽어도 사주지 않는 것이다.

딸아이가 '비밀여행'을 좋아하는 이유는 엄마는 절대로 해주지 않는 것을 내가 해주기 때문이다. 햄버거를 먹거나 제과점에서 도넛에 사이다를 마신다. 가끔 오락실에도 들러 자동차 레이싱 오락기에 앉아 핸들을 돌려보기도 하고, 스키 오락 도구에 발을 얹고 이리저리 몸을 틀어보기도 한다.

이 모든 일은 '엄마에게는 비밀'이다. 아이들은 비밀 만들기를 좋아한다. 딸아이가 일기를 쓰기 시작한 뒤로 자물쇠가 달려 있는 일기장을 사달라고 졸랐다. 열쇠를 아무 곳에나 두기 때문에 몰래 열어본 적이 있는데, 별다른 내용은 없었다. '오늘은 뭐 하고 놀았다'

로 가득한 놀이 일기장이었는데 딸아이는 이런 것도 비밀로 삼고 즐긴다.

엄마하고는 '아빠에게는 비밀'인 일이 있을 것이다. 아빠와 산책할 때는 '엄마에게는 비밀'인 일을 만들고 싶어한다.

'엄마한테는 비밀'인 비밀여행이지만, 아내는 딸아이와 내가 밖에 나가서 무엇을 하는지 모두 알고 있다. 아내가 꼭 지켜달라고 요구한 것은 햄버거는 호밀빵 버거를 먹을 것, 콜라는 절대 리필하지 말 것, 오락기에 돈을 넣는 것은 하루 한 번에 그칠 것, 이런 것들이다.

딸아이가 어른이 되어도 이런 비밀 놀이를 계속하고 싶다. 조금 더 큰 어린이가 되고 청소년이 되고 어른이 되는 과정에서 많은 고민과 상담거리가 있을 것이다. 그 가운데 일부는 엄마와 상담할 것이고, 일부는 친구와 고민을 나눌 것이다. 엄마에게도 친구에게도 말 못 할 일은 아빠와 비밀 놀이로 해결할 수도 있을 것이다.

아이와 산책할 때 편리한 '준비 땅' 놀이

딸아이가 어렸을 때 많이 했고 지금은 아들아이와 집에서 자주 하는 놀이로 아이와 거실 한쪽 구석에 서서 주방 끝까지 달리기 경주를 하는 것이다. '준비 땅' 하고 구호를 외치면서 달리기 시작한다.

아이들과 이 놀이를 하는 이유는 함께 어딘가 가야 할 때 아이들은 툭하면 쪼그리고 앉아 식물이나 곤충을 가리키면서 "이건 뭐야?"라고 묻기 때문이다. 아이들의 질문을 무시하면 호기심을 꺾게 되고, 일일이 대답해주면 시간이 많이 걸린다. 편한 마음으로 산책을 즐기는 것이라면 아이들이 원하는 대로 내버려두어도 되지만, 물건을 사러 나왔거나 다른 볼일이 있을 때는 빨리 목적지에 가야 한다. 그럴 때 위력을 발휘하는 것이 '준비 땅' 놀이다.

아이가 딴 짓을 하고 있으면 달리기 폼을 잡고 '준비'를 외친다. '준비'는 길게 '준비~~~~~' 하는 것이 좋다. 아빠가 달리기 자세를 하고 있으면 아이도 아빠 옆으로 다가와 자세를 취한다. 그리고 '땅' 하는 소리와 함께 출발한다.

아이가 말을 알아듣기 시작하면 목표를 정해두고 뛴다.

"이번에는 다음 전봇대까지 누가 먼저 가나 시합하자."

이렇게 말하고 '준비 땅'을 외친다. 목표에 도달하면 그다음 목표를 정한다. 밖에서 효과적으로 '준비 땅' 놀이를 하려면 평소에 거실에서 많이 놀아야 한다. 그래야 밖에서도 '준비'라는 말에 조건반사적으로 달리기 자세를 취한다.

04

아이에게도
자신만의 공간이 필요하다

: 이불로 집 만들기

 아이들은 거실에 집 짓는 것을 좋아한다. '집 속의 집'은 아이들이 좋아하는 테마다. 집 만들기는 아주 간단해서 의자 세 개를 삼각형 모양으로 만든 뒤 얇고 넓은 이불을 그 위에 덮어주면 된다. 아이는 그 안에 들어가 혼자 소꿉놀이도 하고 그림도 그린다. 자기만의 공간이라는 생각이 드는 것이다.

주방에 식탁이 놓여 있다면 이불로 집을 만들 수 있다. 주방의 의자와 식탁을 적당한 간격으로 벌리고 얇은 이불로 덮어준다. 식탁 위의 이불 위에는 책 같은 것을 놓아 고정시킨다. 이불로 의자를 덮을 때는 빨래집게를 사용하면 편리하다.

딸아이가 가장 좋아하는 집은 상자로 만든 집이다. 이때는 대형냉장고나 김치냉장고를 담는 큰 상자가 필요하다. 사과상자나 라면상

이불로 집 만들기
이불이나 상자를 활용하여
아이만의 공간을 만들어줄 수 있다.

자는 베란다를 뒤지거나 동네 구멍가게에 가면 쉽게 구할 수 있지만 큰 상자를 구하려면 특별한 곳에 가야 한다.

동네 주변에 전자제품 할인매장이 있으면 그곳에 얘기해서 큰 상자를 얻을 수 있다. 큰 상자를 원형 그대로 혼자 들고 오는 것이 쉽지 않으므로 아이와 같이 가는 것이 좋다. 아빠가 땀을 뻘뻘 흘리면서 상자를 들고 오는 모습을 아이에게 보여주어 '아빠가 그때 낑낑대면서 상자를 들고 왔다' 는 추억을 만들어준다.

상자에는 입구가 위아래 두 개 있는데 한쪽은 완전히 잘라버리고 옆면 중에 넓은 면 하나를 택해 문을 만든다. 'T' 자형으로 자른 뒤 펼치면 문이 된다. 안에 들어가 문을 닫으면 너무 컴컴해서 아이가 무서워하므로 남은 세 면에 창문을 낸다. 창문은 적당한 크기로 'ㄴ' 모양으로 자른다. 창문을 모두 닫으면 밀실이 되어 어두워지므로 지름 10센티미터 크기의 원형 바람구멍(빛 구멍)을 여러 군데 내준다.

출입문이나 창문을 자주 여닫게 되면 골판지가 마모되면서 먼지가 많이 난다. 절단면에 비닐 테이프를 붙여주면 먼지도 나지 않고 상자 집의 내구성도 높아진다.

상자 집은 아이가 집을 마음대로 꾸밀 수 있다는 장점이 있다. 종이로 만들어진 상자는 물감으로 색칠할 수도 있고 색종이로 접은 꽃이나 동물을 붙여 놓을 수도 있다. 아이에게 맡겨놓으면 알아서 꾸민다. 상자를 이용한 '치기 놀이'도 할 수 있다. 아이는 상자 안에 숨고 아빠는 창문을 열고 손을 집어넣어 아이를 치려고 한다. 왼쪽 창문을 열면 아이는 오른쪽 구석으로 도망가고, 오른쪽을 열면 왼쪽 구석으로 도망가는 식이다. 그래서 상자는 클수록 좋다.

창문을 모두 닫고 있으면 딸아이는 상자 가운데 앉아 대기하고 있다. 그러다 왼쪽 창문이 열리는 기색이 있으면 오른쪽으로 도망친다. 단순한 놀이지만 의외로 재미있다.

아빠는 유격훈련장이다
: 미끄럼틀 타고 올라가기

놀이터에 가서 아이들이 미끄럼틀에서 노는 것을 보면 백이면 백 미끄럼틀 난간을 잡고 거꾸로 올라가는 것을 즐긴다. 계단을 이용하는 것이 편하지만 거꾸로 올라가는 것을 훨씬 재미있어 한다. 나무에 기어오르기도 하고 좁은 평균대를 뛰어다니기도 하는 등 어른이 보기에 사뭇 위험해 보이는 것들은 모두 아이들에게는 즐거운 놀이가 된다.

어린아이들도 미끄럼틀만 보면 거꾸로 올라가려고 한다. 처음에는 한두 걸음 올라가는 것이 고작이지만, 몇 달 지나지 않는 사이에 어른 키 두 배만 한 큰 미끄럼틀도 쑥쑥 잘 기어 올라간다.

아빠 몸을 거꾸로 타고 올라가는 놀이를 해보자. 아빠는 소파나 의자에 엉덩이만 살짝 걸치고 앉아 몸을 곧게 펴고, 다리는 완전히 붙이거나 살짝 뗀다. 그리고 아이 손을 잡아주면서 아이가 거꾸로 타고 올라오게 하는 놀이다. 몇 번만 연습하면 아빠 가슴까지도 잘 기어 올라온다. 거의 45도 경사를 이루는 길을 올라오는 것과 비슷하기 때문에 서너 번만 해도 땀이 흐를 정도로 운동 강도가 강하다.

아빠 몸을 타고 올라오는 것에 익숙해지면 아이는 아빠 어깨에 발을 올리기 시작한다. 마주 잡고 있는 양손을 높이 추켜올리며 균형을 잡아주면 아빠 어깨를 밟고 소파 등받침대 위로 올라간다. 때로는 아빠 머리에 발을 올려 말 그대로 아빠 머리끝까지 기어오른다. 이런 것까지 허용해줄지는 각 가정의 교육 방침에 따라 다를 것이다.

아빠 몸을 타고 오르는 재미를 알게 되면 여러 각도에서 아빠 몸을 타고 오른다. 배에서 시작하기도 하고, 옆구리에서 출발하기도 하고, 등 뒤로 기어오르기도 한다. 아이가 아빠의 어깨나 소파 등받침 같은 정상에 오르면, 아이를 들어 올려 한 바퀴 돌리면서 소파 위에 내려놓는다. 아이는 다시 아빠를 타고 올라간다. 아이가 떨어지지 않도록 손으로 받쳐주거나 잡아준다.

아이가 서너 살이 되면 약간 기교를 주어 즐거움을 배가시킨다. 아이가 아빠의 발을 밟고 올라올 때 발 사이를 살짝 벌려 스릴을 준다. 아이는 갑자기 땅이 푹 꺼지는 느낌을 받을 것이다.

아들아이에게 시도했을 때 깜짝 놀랐지만 이내 웃었다. 내가 양손을 잡고 있어서 절대로 안전하다는 것을 알기 때문이다. 오히려 아들아이는 내 발을 조금 벌리게 한 뒤 아슬아슬한 자세로 올라오는 것을 즐긴다. 가끔 한쪽 발이 쑥 빠지는 것을 무척 재미있어 한다.

아이가 미끄럼틀을 거꾸로 올라가듯이 아빠 몸을 올라오면, 아빠 몸을 이용해 미끄럼틀을 태워줄 수 있다. 아빠 몸을 타고 올라온 아이를 엉덩이가 아빠 쪽으로 오도록 양손으로 들어 가슴 근처에 내려놓으며 미끄러지게 한다.

아이가 다치는 것을 막기 위해서는 허벅지 정도까지는 살짝 잡아주며 미끄럼을 태운다. 아이 엉덩이가 무릎 근처에 도달하면 손을 놓는다. 잘 떨어지지도 않지만 혹시 떨어져도 밑에 이불이 있으면 다칠 염려가 거의 없다.

아이가 익숙해지면 속도를 높일 수 있다. 잘 미끄러지는 소재로 된 바바리코트나 비옷을 입으면 미끄러지는 속도가 빨라진다. 얇은 이불을 사용하면 이불과 함께 미끄러져 색다른 즐거움을 준다.

몸으로 미끄럼을 태울 때는 반드시 아빠의 바지 허리띠는 풀어두어야 한다. 허리띠 버클은 대개 금속성이라서 아이가 미끄러져 내려가다가 버클에 걸리면 찰과상을 입는다.

때때로 아이 몸을 뒤집어서 태운다. 서로 포옹하는 자세로 미끄럼을 태우는 것이다. 이것은 포근한 스킨십을 나눌 수 있는 놀이다.

미끄럼틀 타고 올라가기
아빠 몸을 타고 오르는 재미를 알게 되면
딸은 여러 각도에서 아빠 몸을 타고 오른다.

아이가 말귀를 제대로 알아듣게 되면 포옹하는 자세로 태우다가 아이를 세차게 끌어안는다. 이때 아이가 "아빠 놔"라고 하면 이런 멘트를 날려주자.

"싫어, 우리 ○○는 세상에서 제일 소중하니까 절대로 놓지 않을 거야."

06

아빠에게 진드기처럼 매달리게 하라
: 진드기 걷기

 나는 술을 무척 즐긴다. 아이들이 나와 놀고 싶어하는 시기가 얼마 남지 않았다는 생각에 요즘은 밖에서 술자리를 갖는 일은 될 수 있으면 피한다. 그래도 글을 쓰면서 술을 마시기 때문에 집에서 거의 매일 술을 마신다.

내가 주로 글을 쓰는 시간은 밤 9시에서 새벽 3시 사이다. 새벽 1시가 넘어가면 힘이 들고 지친다. 맥주를 마시면서 글을 쓰면 술을 마시는 즐거움과 글을 쓰는 괴로움이 희석되어 괴로운 일을 하는지 즐거운 일을 하는지 알 수 없게 되어버린다.

담배도 하루 한 갑 이상 피운다. 아내는 이런 내가 멀쩡할 리가 없다며 강제로 종합검진을 받게 하고는 검사 결과를 속일 것이 뻔하다며 병원에 쫓아와 결과를 같이 들었다. 의사는 고개를 갸우뚱거리며

술, 담배를 그렇게 많이 하는데 몸에 아무 이상이 없다고 했다.

　주변 사람들은 내게 항상 운동을 권한다. 술, 담배를 못 끊을 바에는 운동이라도 열심히 해야 건강을 유지한다고 충고한다. 일 년 전부터 자전거 타는 즐거움에 눈을 떠서 일주일에 다섯 번 정도 자전거를 타지만, 그전에는 따로 운동을 해본 적이 없다.

　나 자신도 내 몸이 왜 정상인지 의아해서 곰곰이 생각해보았다. 아마 주말에 아이들과 열심히 논 덕분일 것이다. 일요일 저녁 아이들이 잠들면 긴장이 풀리고 온몸이 노곤할 정도로 피곤하다. 아이들과 몸을 사용하는 놀이를 많이 하면서 이틀 동안 꽤 많은 운동을 한 것이다.

　주말에 박물관 같은 곳에 가는 일도 많다. 그런 날은 아이들과 몸으로 노는 시간이 절대적으로 줄어든다. 그러면 오히려 그 다음 주에 힘들다는 느낌이 온다. 운동을 제대로 못한 탓이다. 아이들과 노는 것은 아빠의 체력을 단련하고 유지하게 해준다. 아이의 체력이 좋아지는 것은 두말할 나위도 없다.

　주말에 아이들과 놀아주기 시작하면 아이들이 '진드기'가 된다. 아이들은 아빠에게 찰싹 달라붙어 떨어질 생각을 하지 않는다. 그래서 '진드기 걷기' 놀이는 자연스럽게 시작되었다. 아이가 아빠의 다리에 매달려 있는 상태로 걸어 다니는 놀이다.

　아이가 다리에 매달려 있으면 정말로 걷기 힘들다. 아이를 허벅지에 태우면 걷기도 쉽고 아이들도 즐거워한나. 아이를 허벅시에 태운 채로 양손을 맞잡으면 안정감이 떨어지므로 아이의 양 겨드랑이를 잡고 걷는다.

보폭에 변화를 주면 아이가 훨씬 더 즐거워한다. 종종걸음으로 걷다가 '영차' 하면서 보폭을 크게 해주거나, 천천히 걷다가 갑자기 빨리 걷거나 하는 식으로 변화를 준다.

아이가 예닐곱 살이 되면 몸무게가 제법 나가기 때문에 이런 포즈로 걷기도 힘들고 조금만 걸어도 허리가 아프다. 그 정도 나이의 아이라면 힘을 제대로 쓸 수 있으므로 아예 진드기처럼 매달리게 만든다. 아이가 양손으로 아빠의 허리를 껴안은 자세로 걸어 다닌다.

내가 이 놀이를 하고 있으면 아내는 "고목나무에 매달린 매미 같다"고 말한다. 나는 딸아이와 아들아이가 꼭 진드기나 거머리 같다는 생각이 든다. 나쁜 의미가 아니라 찰싹 달라붙어서 떨어지려고 하지 않는다는 의미다.

딸아이는 원조 '진드기' 다. 아들아이는 '진드기 2' 가 되었다. 주말이면 아빠를 독점하고 싶은 욕심에 딸아이와 아들아이는 치고받고 싸움을 한다. 딸아이가 아무리 힘으로 밀어도 아들아이는 물러서지 않는다. 더욱더 아빠에게 진드기처럼 매달리면서 누나에게 반격을 가한다. 세상에서 제일 예쁜 진드기 두 마리다.

아이와 함께 춤을
: 쿵작쿵작 스텝

'쿵작쿵작 스텝'은 아이의 두 발을 아빠의 발에 올려놓고 걷는 놀이다. 오래전 영화인 〈아빠와 함께 춤을〉에서 본 장면을 응용했다.

전생에 원수였던 사람들이 현세에 부부로 태어난다는 말이 있다. 아이를 키우면서 전생의 원수들은 부모 자식 관계로 태어나는 것이 아닌가 생각했다. 원한을 품고 죽은 사람이 자식으로 태어나는 것이다. 우리 집 아이들은 아빠의 몸이 힘든 놀이일수록 더 좋아한다. 마치 전생의 원수를 갚으려는 듯이. 아이들과 노는 것이 힘들 때마다 '내가 전생에 아이들에게 큰 죄를 지었을 것'이라고 생각한다. 그래서 왠지 더 놀아주어야 할 것 같은 생각이 든다.

'쿵작쿵작 스텝'은 '진드기 걷기'에 비해 훨씬 수월하다. 그래서

인지 아이들이 별로 좋아하지 않았다. 딸아이와 '쿵작쿵작 스텝' 놀이를 시작하고 1분 정도만 지나도 "아빠! 다른 것 해"라며 불만을 표시했다. 책에도 쉬어가는 페이지가 있듯이 놀이에도 아빠가 쉬는 시간이 필요하다. 머리를 굴린 끝에 만들어낸 것이 노래를 활용하는 것이었다.

"쿵작쿵작 쿵자작 쿵작 네 박자 속에 사랑도 있고 이별도 있고 눈물도 있네."

가수 송대관의 〈네 박자〉를 부르며 '쿵작쿵작 스텝'을 밟으면 딸아이는 자지러지면서 좋아한다. 이 노래를 이용하기 때문에 '쿵작

쿵작 스텝'이라는 이름을 붙였다. 〈네 박자〉 노래의 1절을 부르는 데 걸리는 시간은 1분 30초 정도지만 이 놀이는 비교적 오래 할 수 있다. 아이에게 나름대로 가사를 변형하면서 놀게 하면 된다.

원곡에서 '쿵작쿵작' 소절이 나오는 부분의 가사는 이렇다.

"사랑도 있고, 이별도 있고, 눈물도 있네."

딸아이는 이런 식으로 바꾸어 불렀다.

"사랑도 있고, 이별도 있고, 빵꾸도 있네."

'눈물'을 '방구'로 바꾸고, '똥꼬'로 바꾸고, '똥끼빵끼'로 바꾼다.

'쿵작쿵작 스텝'의 포인트는 아이가 좋아하는 노래를 개발하는 것이다. 경험상 동요는 춤을 추는 자세를 만들기 힘들어서 적합하지 않다. 댄스곡처럼 빠른 곡으로 스텝을 밟는 것도 무리고, 가장 좋은 것은 흔히 '뽕짝'이라 부르는 음악이다. 뽕짝은 매우 리드미컬하게 스텝을 밟을 수 있다. 한국 사람의 피 속에는 '뽕짝'의 피가 흐르는 지, 아이들도 의외로 '뽕짝'을 좋아한다.

08

상상의 날개를 펴게 하라
: 이불 끌기

아이들은 탈것을 좋아한다. 우리 집 거실에도 탈것이 여러 개 있지만 아이들이 가장 좋아하는 탈것은 이불이다. 탈것이라는 것이 꼭 바퀴가 달려 있을 필요는 없다. 마찰을 줄일 수 있다면 그 어떤 것도 탈것이 되는데 이불은 거실에서 탈것으로 변한다.

얇은 이불 위에 아이를 태우고 한쪽 끝을 모아 한 손에 쥐고 거실이나 마루 위로 끌고 다니는 간단한 놀이다.

두꺼운 이불은 한쪽 끝을 모았을 때 한 손으로 쥐기 힘들어서 얇은 이불로 하는 것이 좋다. 이불이 얇으면 바닥에 놓인 작은 물건 위를 지날 때 아이의 엉덩이가 아플 수 있고, 자칫하면 찰과상을 입을 수도 있다. 놀이를 시작하기 전에 먼저 바닥을 깨끗하게 정리해야 한다. 이불이 더러워지는 것을 막기 위해선 전기청소기로 한 번 밀어주어야 하니 아내들이 무척 좋아할 놀이다.

딸아이가 '이불 끌기'를 하자고 하면 "아빠와 같이 청소해야 놀이를 시작할 수 있다"고 말한다. 딸아이도 여느 아이들처럼 정리하거나 청소하는 것을 싫어하지만 '이불 끌기'를 위해서는 어쩔 수 없으므로 아빠가 청소하는 것을 돕는다. 아이에게 정리하는 습관이나 청소 방법을 가르칠 수 있는 기회다.

내가 끌어주는 이불은 딸아이에게 버스도 되고 기차도 되고 보트도 된다. 딸아이는 상상의 날개를 펴면서 빵빵 소리도 내고 칙칙폭폭 소리도 내고 부~웅 하는 소리도 낸다. 딸아이는 이불에 눕기도 하고 앉기도 하고 엎드리기도 하는 등 자세를 바꿔가면서 즐긴다. 때로는 베개를 가져와 편한 자세로 잠을 자는 척도 한다.

"아빠, 목적지에 도착하면 깨워줘!"

이불 끌기는 수상스키나 썰매로 변하기도 한다. 아이가 쪼그려 앉으면 썰매가 되고 서서 아빠 허리를 잡으면 수상스키가 된다. 딸아이는 서서 타다가 내 다리 사이로 자신의 다리를 내던지기도 한다. '휙' 미끄러지는 느낌이 재미있는 모양이다.

이 놀이는 체력 소모가 무척 크다. 아이가 15킬로그램 정도일 때는 가뿐하게 끌 수 있지만 20킬로그램이 넘어가면 무겁게 느껴진다.

이런 힘든 시간에 아빠는 잠시 휴식을 하고 아이는 상상의 날개를 펴는 일석이조의 방법이 있다.

거실을 한 바퀴 돌고 나면 잠깐 멈춰 서서 아이에게 "다 왔습니다, 손님. 다음은 어디로 갈까요?"라고 묻는다. '침대요' '소파요' '냉장고요' 이런 대답이 나오면 이렇게 유도한다.

"그건 조금 재미없다. 냉장고는 농장이라고 하자. 자, 농장으로 가보자."

그다음부터는 아이의 상상에 맡긴다. 동물 인형이 하나만 놓여 있어도 소파는 동물원이 된다. 식탁은 오리 농장이 되고, 김치냉장고는 유치원이 된다. 이런 비유는 그때그때 다르다. 단순하지만 아이의 상상력을 자극하는 놀이다. 아이가 상상의 날개를 펴는 동안 아빠는 잠깐 쉴 수 있다.

상자 밀기

우리 아이들이 이불만큼이나 좋아하는 탈것은 상자다. 사과상자나 라면상자 정도 크기면 아이 하나가 쏙 들어간다. 아이가 상자에 들어가 앉으면 바로 탈것이 된다.

상자를 끌 때 손잡이가 마땅치 않아서 끌기에 무척 힘들다. 상자에 구멍을 내고 노끈을 끼워 보았는데, 아이 무게를 이기지 못하고 상자가 찢어져버렸다. 바닥과 상자의 마찰이 무척 강한 것이다.

노끈으로 상자 끌기는 의외로 밖에서 잘 된다. 공원 잔디밭에서 끌면 잔디가 윤활유 노릇을 하기 때문에 슬슬 끌 수 있다. 공원 잔디는 애완용 강아지들이 오줌을 많이 싸는 곳이므로 상자는 한 번 사용하고 버리는 것이 좋다.

거실에서 상자 놀이를 할 때는 결국 밀어야 한다. 방을 닦는 자세로 손으로 밀면 허리가 무척 아프기 때문에 털퍼덕 주저앉은 자세로 발로 밀어주는 것이 편하다. 상자 중에는 밑바닥을 굵은 스테이플러로 고정시킨 것이 있는데 이런 상자를 밀면 바닥이 모두 긁히므로 상자 놀이를 하기 전에 바닥을 살펴보아야 한다. 상자를 미는 것이 힘들면 폭이 넓은 비닐 테이프를 바닥에 세로로(진행 방향으로) 붙이면 마찰이 줄어들어 한결 가벼워진다.

아이와 함께 놀면 가족이 행복해진다

아빠와 10년을 놀아온 딸아이에게 "아빠는 어떤 사람이라고 생각해?" 하고 물어보았다. 딸아이는 주저 없이 말했다.

"아빠는 당연히 놀이기구지."

아빠의 몸은 거대한 놀이터다. 아빠의 몸은 미끄럼틀이 되고, 비행기가 되고, 자동차가 되고, 시소가 된다. 아빠는 그 어떤 놀이기구도 될 수 있다. 아무리 비싼 놀이동산이나 거창한 놀이기구도 아빠만큼 좋은 놀이기구가 될 수 없다. 그 어떤 놀이동산도 아이를 사랑해주지는 않기 때문이다.

아빠라는 놀이터는 즐거움과 더불어 사랑을 준다. 놀이 도중에 안아주고 뽀뽀해주고 눈을 맞추며 미소를 보내준다. 필요할 때마다 용기를 북돋워주고 격려해준다. 아이에게서 시선을 떼지 않으며 안전을 지켜준다. 아이의 몸에 맞추어 크기와 높이를 조절한다. 이는 그 어떤 놀이동산도 해주지 못하는 일이다. 게다가 아빠는 세상을 헤쳐나가는 데 필요한 지혜와 힘을 준다.

이 책은 지난 10년 동안 딸아이와 함께 한 놀이 중에서 승부에 강한 아이로 키우는 데 도움이 되는 놀이들을 모아 엮은 것이다. 이 놀이들은 우리 집에서는 아빠인 내가 아이들과 함께 하는 것이지만, 대부분 엄마도 할 수 있는 놀이들이기도 하다. 그래도 되도록이면 아빠가 놀아주는 것이 좋다. 아이와 놀다보면 아빠의 삶도 극적으로 바뀌기 때문이다.

가족을 책임진다는 것은 힘든 일이다. 특히 가족의 생활을 책임지기 위해 일하는 것은 무척 힘들다. 하지만 아빠 노릇을 제대로 하려면 힘든 것을 감수해야 한다. 그렇지만 아이와 노는 사이에 아빠 자신도 모르게 놀이 속에서 진정한 행복을 얻을 수 있다.

아빠가 놀아주면 아이는 행복해한다. 나도 처음에는 아이와 놀아주었지만 얼마 지나지 않아 아이와 노는 맛을 알게 되었다. 놀아주는 것이 아니라 함께 놀게 된 것이다. 아이와 놀면서 '이것이 바로 행복'이라고 느꼈다. 함께 놀고 있으면 별일 아닌 것에도 아이는 웃음을 터뜨린다. 아이가 웃을 때마다 아빠인 나도 저절로 따라 웃게 된다. 말로 表現하지 않아도 아이들이 나를 진정으로 사랑힘을 느끼며, 말없는 격려는 내게 무한한 힘을 준다. 아이가 아닌 다른 사람이나 다른 것들에서는 절대로 얻을 수 없는 행복이다.

주말에 아이와 놀다보면 일주일 동안 쌓인 스트레스가 한 번에 날아가고 주말마다 더없이 행복해진다. 가족이 모두 행복해지는 손쉬운 길이 바로 아이와 노는 것이다. 아이와 놀다보면 아빠가 행복해지고, 아이가 행복해지고, 엄마도 행복해진다.

나는 주말마다 거의 하루 종일 아이들과 논다. 토요일과 일요일 각각 10시간 정도 놀아주는 셈이다. 이러는 내가 이상적인 아빠라고는 생각하지 않는다. 세상의 모든 아빠가 그럴 필요는 없다. 아빠도 쉬어야 하고 자기계발을 할 시간이 필요하다. 주말에 하루 두 시간 정도 아이들과 집중적으로 놀아만 주어도, 가족 모두가 행복할 수 있고, 놀이를 통해 아이들에게 필요한 것을 모두 가르칠 수 있다.

내가 주말마다 하루 종일 아이와 놀아온 것은, 그 자체가 즐거운 일이기도 했지만, 내게 '작가 근성'이 있었던 영향도 컸던 것 같다. 책을 쓰는 것은 일종의 서비스업이라고 생각한다. 바쁜 독자를 대신해, 대신 생각하고, 대신 실행해보고, 대신 좋은 방법을 찾아내는 것이 작가라는 직업이다. 그것이 책을 쓰는 저자와 책을 읽는 독자의 공생 혹은 상생 관계일 것이다.

아이들과 놀면서 언젠가 '아빠 놀이'에 관한 책을 쓸 것 같다는 예감이 들었다. 책을 쓰려면 그만한 에너지와 시간을 쏟아야 한다. 주말마다 하루 10시간씩 놀아준다면 일 년이면 천 시간, 10년이면 1만 시간을 투자하게 된다. 아이를 승부에 강하게 만드는 데 적합한 놀이가 무엇인지 찾아내고, 고안해내고, 적절한 조언이 무엇인지 생각해내려면 그 정도의 시간이 필요할 것이다. 10년 동안 1만 시간을 투자하면 어떤 분야에서건 최고 수준의 성취감을 얻을 수 있다는 말이 있다. 아이들과 1만 시간을 놀아오면서 맺은 결실인 이 책이, 승부에 강한 딸로 키우기를 원하는 많은 부모님들께 힘이 되기를 기원한다.